AU-DELÀ DE
LA SAGA SWATCH

Nicolas G. Hayek

AU-DELÀ DE LA SAGA SWATCH

Entretiens d'un authentique entrepreneur
avec Friedemann Bartu

Préface de Cindy Crawford

Albin Michel

Préface

par Cindy Crawford

Quand on m'a demandé d'écrire la préface de ce livre, je me suis sentie à la fois très honorée et très flattée. Ce fut même une grande surprise car il n'est pas fréquent que l'on me confie un tel plaisir. Je connais Nicolas G. Hayek depuis dix ans déjà, et j'ai eu l'occasion de travailler avec lui à maintes reprises en tant qu'ambassadrice de la marque Omega. Je voudrais vous donner ici l'impression personnelle que j'ai de cet homme tout à fait remarquable.

Mon association avec Nicolas G. Hayek a commencé en 1995 lorsque Omega a lancé une nouvelle campagne publicitaire d'envergure mondiale. Le slogan « My Choice » y était décliné par les plus grands noms du sport, de la mode et du spectacle qui se reconnaissaient dans un modèle de la marque. À l'époque, évidemment, je n'imaginais pas du tout que cette campagne serait la première pierre d'un partenariat qui dure encore aujourd'hui.

Vous découvrirez dans cet ouvrage beaucoup de choses sur la philosophie de l'entreprise exposées par Nicolas G. Hayek et je ne souhaite donc pas aborder ce thème. Mais nous avons un point commun d'une importance capitale qui, à mon avis, a toujours caractérisé notre collaboration : le plaisir de faire. Je ne fais pas allusion à son sens inné des affaires en tant qu'entrepreneur, ce que vous voudriez peut-être m'entendre dire, mais à sa conception du travail qui est déterminante. En effet, il existe beaucoup d'hommes d'affaires, mais ils n'ont pas tous, de loin, le même succès – car ceux qui réussissent possèdent ce petit je-ne-sais-quoi de plus qui les rend différents des autres. Pour prendre un exemple, jamais Nicolas Hayek ne m'a invitée à des événements auxquels j'aurais dû assister par pure obligation. Non, ces événements n'étaient pas seulement mis en scène et organisés d'une manière parfaite, mais en plus j'y ai toujours pris un vif plaisir ! Cette activité excitante et créative et le fait que Omega soit une marque de réputation mondiale ont été des raisons suffisantes pour que je me laisse entraîner par Nicolas G. Hayek, qui m'a fait faire des choses que je ne ferai peut-être qu'une seule fois dans ma vie, comme tirer à l'arbalète en Suisse ou monter à dos d'éléphant en Inde.

Cet entrepreneur pur-sang n'a pas seulement l'intuition visionnaire de saisir la bonne affaire au bon moment, il met aussi toute son énergie et toutes ses tripes dans chacun de ses projets, avec une passion qui va bien au-delà des simples intérêts financiers. Il continue inlassablement à travailler – à un âge où ceux qui ont réussi ont déjà passé les dix premières années de leur retraite sur leur île aux tropiques.

Monsieur Hayek est internationalement considéré comme l'homme qui a sauvé l'industrie horlogère suisse. Il a fait du Groupe Swatch le plus grand fabricant de montres du monde. Son succès exemplaire est à mettre au compte de son enthousiasme sans limites pour son entreprise et à sa manière de prendre les choses en main, ce qui l'a parfois conduit dans des situations inhabituelles, comme disputer un match de tennis avec Martina Hingis ou faire un tour dans une réplique de la Lunar Rover avec Michael Schumacher au volant. Le fait que Nicolas Hayek ne privilégie aucune des nombreuses marques du Groupe Swatch contribue également, à mon avis, à son succès. Il en fait la démonstration en portant toujours plusieurs montres à ses poignets et en panachant les différentes marques : c'est aujourd'hui son image de marque personnelle.

Bien qu'il ait, en 2003, passé le relais à son fils pour diriger le Groupe, il poursuit avec la même ardeur son travail en tant que président et administrateur délégué du conseil d'administration du Swatch Group et – plus important encore – il a pris lui-même en main la direction de Breguet, le joyau absolu du Groupe.

Le livre que vous allez lire offre un aperçu fascinant sur l'homme qui se cache derrière ce nom. Après la lecture de ces pages, j'espère que vous éprouverez autant de respect et d'admiration que moi pour cette personnalité. Car je dois le reconnaître : au cours des dix dernières années de notre collaboration, mon respect pour cet entrepreneur pur-sang qu'est Nicolas G. Hayek n'a cessé de grandir.

Si...

« Je ne travaille pas... je m'amuse huit à quatorze heures par jour ! » Telle est la réponse qui fuse lorsqu'on demande à Nicolas G. Hayek (soixante-dix-sept ans en 2005) combien de temps il consacre à son travail. Son bureau à Bienne au siège du Swatch Group comme celui de Zurich chez Hayek Engineering en font foi. Tous deux ressemblent à de joyeux capharnaüms dans lesquels le président et administrateur délégué du conseil d'administration du plus grand groupe horloger mondial prend un plaisir non dissimulé. Pêle-mêle accrochés aux murs, des photos – ici le « boss » avec une star du cinéma, là avec un champion sportif ou un top model – mais aussi des diplômes, des distinctions, des trophées, des dessins de presse, des collages qui témoignent du succès légendaire de l'entrepreneur de loin le plus respecté de Suisse. Nicolas G. Hayek est à l'image de ces lieux et il dégage un enthousiasme spontané et rafraîchissant qu'il est très rare de rencontrer dans les bureaux feutrés des grands patrons. Ce n'est pas pour rien que cet entrepreneur pur-sang insiste toujours sur le fait que celui qui veut vraiment réussir doit garder la fantaisie et la curiosité d'un enfant de six ans. Il se décrit d'ailleurs lui-même comme un enfant de six ans riche de soixante-dix années d'expérience. Son Groupe, il le dirige comme un patron « à l'ancienne » : il y est viscéralement attaché et les vacances qu'il s'octroie de temps à autre s'assimilent souvent à une simple délocalisation de son lieu de travail.

Dans son bureau zurichois, une des photographies qu'il préfère le montre de face en train de monter les marches du palais fédéral à Berne. Impression de gravité et de solitude. On est en 1984 : il va présenter et défendre son rapport sur la question (*make or buy*) de l'achat des chars d'assaut Léopard 2 face à la commission parlementaire suisse de la Défense. À cette occasion, preuves à l'appui, Nicolas Hayek va démontrer que la facture à payer est grevée d'un surcoût de plus de un milliard de francs suisses. Que cette photo lui tienne particulièrement à cœur est compréhensible : depuis des années déjà sa renommée était faite, mais grâce à cet épisode des chars d'assaut, sa crédibilité et sa popularité ont fait un énorme bond en avant et il a été propulsé quasiment au rang de héros national. Jouxtant cette photo et le rendant aussi très fier, la sobre médaille de la Légion d'honneur française, qui a directement élevé Nicolas G. Hayek au rang d'officier. Comme toutes les autres distinctions honorifiques reçues ces dernières années du monde entier, elle atteste de la reconnaissance internationale de son parcours et de sa contribution au développement industriel et économique.

Mais sa plus grande fierté, c'est d'avoir réussi, malgré une ascension fulgurante, à rester fidèle à lui-même. Il se plaît souvent à citer le poème de l'écrivain Rudyard Kipling *If* (« Si »). Par-delà l'écriture poétique, il s'agit avant tout d'un contenu moral puissant... et l'entrepreneur Hayek l'a toujours à portée de main.

If

If you can keep your head when all about you
Are losing theirs and blaming it on you,

If you can trust yourself when all men doubt you
But make allowance for their doubting too,
If you can wait and not be tired by waiting,
Or being lied about, don't deal in lies,
Or being hated, don't give way to hating,
And yet don't look too good, nor talk too wise :

If you can dream–and not make dreams your master,
If you can think–and not make thoughts your aim ;
If you can meet with Triumph and Disaster
And treat those two impostors just the same ;
If you can bear to hear the truth you've spoken
Twisted by knaves to make a trap for fools,
Or watch the things you gave your life to, broken,
And stoop and build 'em up with worn-out tools :

If you can make one heap of all you winnings
And risk it all on one turn of pitch-and-toss,
And lose, and start again at your beginnings
And never breath a word about your loss ;
If you can force your heart and nerve and sinew
To serve your turn long after they are gone,
And so hold on when there is nothing in you
Except the Will which says to them : "Hold on !"

If you can talk with crowds and keep your virtue,
Or walk with kings-nor lose the common touch,
If neither foes nor loving friends can hurt you ;
If all men count with you, but none too much,
If you can fill the unforgiving minute
With sixty seconds' worth of distance run,
Yours is the Earth and everything that's in it,
And – which is more – you'll be a Man, my son !

Si

Si tu restes ton maître alors qu'autour de toi
Nul n'est resté le sien, et que chacun t'accuse ;
Si tu peux te fier à toi quand tous en doutent,
En faisant cependant sa part juste à leur doute ;
Si tu sais patienter sans lasser ta patience,
Si, sachant qu'on te ment, tu sais ne pas mentir ;
Ou, sachant qu'on te hait, tu sais ne pas haïr,
Sans avoir l'air trop bon ou paraître trop sage ;

Si tu aimes rêver sans t'asservir au rêve ;
Si, aimant la pensée, tu n'en fais pas ton but,
Si tu peux affronter et triomphe et désastre,
Et traiter en égaux ces deux traîtres égaux ;
Si tu peux endurer de voir la vérité que tu as prociamée,
Masquée et déformée par les plus bas valets en pièges pour les sots,
Si voyant s'écrouler l'œuvre qui fut ta vie,
Tu peux la rebâtir de tes outils usés ;

Si tu peux rassembler tout ce que tu conquis
Mettre ce tout en jeu sur un seul coup de dés,
Perdre et recommencer du point d'où tu partis
Sans jamais dire un mot de ce qui fut perdu ;
Si tu peux obliger ton cœur, tes nerfs, ta moelle
À te servir encore quand ils ont cessé d'être,
Si tu restes debout quand tout s'écroule en toi
Sauf une volonté qui sait survivre à tout ;

Si, t'adressant aux foules, tu gardes ta vertu ;
Si, fréquentant les Rois, tu sais rester toi-même,
Si ton plus cher ami, si ton pire ennemi
Sont tous deux impuissants à te blesser au cœur,
Si tout homme avec toi compte sans trop compter ;
Si tu sais mettre en la minute inexorable

Exactement pesées les soixante secondes,
Alors la terre est tienne et tout ce qu'elle porte
Et, mieux encore, tu seras un homme, mon fils[1] !

Friedemann Bartu : Vous souvenez-vous quand vous avez découvert ce poème pour la première fois ?

Nicolas G. Hayek : Oui, bien sûr. C'était à l'école et je devais avoir à peine douze ans. Ce poème de Kipling a été une véritable révélation pour moi. Notre professeur ne voulait pas seulement nous le présenter comme une belle poésie mais voulait également l'utiliser comme support pédagogique de morale. Mais, pour moi, tout ce qui était écrit dans ce poème m'apparut d'emblée comme une évidence et j'étais même étonné qu'on nous le présente comme une leçon. Vous comprenez ce que je veux dire ? Vous pouvez lire quelque chose qui vous bouleverse profondément et qui constitue quelque chose de nouveau pour vous. Mais avec Kipling je n'ai rien ressenti de tel. J'ai seulement trouvé dans les mots de cet écrivain célèbre, et exprimé de manière très belle et très musicale – mon père était américain et je parlais français et anglais –, ce qui m'apparaissait comme absolument naturel. J'étais en face de ce que j'avais perçu en moi depuis toujours mais que bien sûr j'étais incapable d'exprimer de cette manière. Je vivais la véracité de ce message au plus profond de moi. Aujourd'hui encore, je suis à chaque fois « remué » lorsque je lis ce poème, aussi à cause de sa beauté et de sa musicalité. Il faut que vous le sachiez, je suis un fervent admirateur et de beauté et de musique !

1. Traduction française de Germaine Bernard-Cherchevsky, inédit.

Quelles sont les exigences exprimées dans ce poème dont vous pouvez dire avec fierté : celles-ci, je les ai accomplies ?

Les maximes de Kipling doivent être ancrées en vous, dans votre intuition, dans votre mentalité ; sinon, vous ne parviendrez pas à les concrétiser. Cela ne sert à rien de se dire : « Puisque Kipling a écrit cela, c'est maintenant comme cela que je veux être. » Prenez par exemple le tout début du poème : « *If you can keep your head when all about you / Are losing theirs and blaming it on you.* » C'est la transcription exemplaire de la situation dans laquelle subitement tout le monde s'accorde à dire : « C'est de ta faute ! » J'ai vécu une situation de ce genre au début des années quatre-vingt avec l'entreprise EM-Microelectronics-Marin qui fabriquait des semi-conducteurs et appartenait à l'industrie horlogère. Je m'étais battu comme un diable pour le maintien de ce site de production et avais affronté une véritable tempête compte tenu de sa fermeture programmée. Lorsque les premiers revers momentanés sont apparus et que nous avons continué à perdre de l'argent – même si c'était moins grave qu'avant –, le conseil d'administration m'a attaqué violemment : « Tu vois, c'est ce que tu voulais, on t'a suivi et maintenant l'entreprise enregistre toujours des pertes. » La presse a entonné le même refrain. Dans une telle situation, il faut garder la tête froide et ne pas commencer à se défendre. Je dois avouer que cela n'a pas toujours été facile. Mais aujourd'hui et depuis de nombreuses années, EM-Marin est une entreprise particulièrement florissante. C'est l'une des meilleures dans sa catégorie en Europe et elle affiche une solide croissance, des bénéfices substantiels et une forte capacité d'innovation high-tech.

Ce fut d'ailleurs à peine différent à l'époque où l'industrie horlogère suisse était en proie à un rapide déclin. Les gens n'avaient plus confiance et les articles dans les médias étaient catastrophiques. Près de 50 000 personnes craignaient pour leur emploi. Il régnait une crise sans précédent, avec une tension et un sentiment de détresse incommensurables. On avait l'impression d'être sur un bateau ivre ballotté dans une énorme tempête. Tout le monde courait dans tous les sens mais personne ne savait où et pourquoi. Dans de pareils moments, l'alternative est simple : garder son calme, analyser sereinement ce qu'il convient de faire... et ensuite agir en conséquence.

Le petit consultant

« *If you can trust yourself when all men doubt you.* » C'est incroyable comme tout le monde s'est méfié de moi. Chacun se demandait si j'étais capable de diriger une entreprise industrielle et à plus forte raison un groupe. Les médias me connaissaient alors comme consultant. C'était l'étiquette que je portais. Pourtant, j'ai toujours été un vrai entrepreneur, un bâtisseur, un créateur – ce qu'en général un consultant n'est pas. Au départ, j'avais créé mon entreprise de conseil parce que je n'avais pas d'argent pour construire ma propre usine et j'ai commencé comme tout petit consultant. Être mon propre patron était devenu fondamental : j'avais beaucoup de difficultés à m'intégrer et à m'épanouir en tant que salarié dans une structure existante, après que j'avais dû voir à plusieurs reprises mes propositions dénaturées ou bloquées. J'ai alors commencé pratiquement sans argent dans un minuscule bureau à Zurich. C'est un choix qui demande une sacrée dose de courage. Durant les premiers mois, je n'ai pas obtenu une seule mission. Tous ceux qui m'avaient promis qu'ils travailleraient avec moi m'ont laissé tomber ou m'ont demandé d'attendre. Je téléphonais toujours d'un bureau de poste situé juste en face de mon bureau : je n'avais pas les moyens de m'offrir une ligne téléphonique ! Je me souviens encore très précisément de l'après-midi du 1er août 1957. Toute la ville célébrait la Fête nationale suisse. Les gens dansaient et riaient. Et là, pour la première fois, seul dans mon bureau, je me suis mis à pleurer et à me maudire : « Quel idiot tu fais ! Tu as deux enfants, une épouse, et tu te lances dans une aventure pareille. Tu avais un job, la sécurité, et te voilà sans rien, avec des promesses qui n'ont pas été tenues. »

J'étais désespéré et déçu au plus profond de moi. Après une courte nuit de sommeil, je me suis réveillé en me disant : « Quoi ? Tu veux abandonner ? Hors de question ! » Et j'ai persévéré. Les temps n'étaient pas faciles. Ma femme a dû m'accompagner à la banque, nous avons donné en gage notre mobilier et on m'a accordé un crédit de 4 000 francs suisses. Cela a été la première et la dernière fois de ma vie que j'ai sollicité un prêt auprès d'une banque ou de qui que ce soit d'autre, d'ailleurs. Dieu merci, cette période de disette n'a pas duré trop longtemps. Un jour, en effet, un entrepreneur allemand d'Ennepetal (Allemagne) est venu me trouver. Un homme magnifique, malheureusement décédé. Il dirigeait une fonderie et avait de sérieux problèmes avec ses cubilots à vent chaud (fourneau pour fonte grise). La fonderie était ma spécialité et je connaissais très bien le matériel incriminé. On lui avait dit qu'en Suisse un certain Monsieur Hayek pourrait peut-être l'aider. Il m'a alors demandé de venir sur place en Allemagne. J'ai pris le train, vêtu d'un nouveau costume acheté à crédit par mon épouse avec des mensualités de 20 francs suisses.

La première mission

Je me suis mis immédiatement au travail et deux ou trois semaines plus tard les modifications apportées aux soupapes permettaient la reprise de la production. Mon client était aux anges et il m'a remis un chèque de 10 000 deutsche Mark. À l'époque, le Mark valait 1,20 franc suisse. D'un seul coup, j'étais « milliardaire » ! J'avais l'impression d'être un homme riche et je décide de rentrer en Suisse auprès de ma famille en avion. Je me procure un billet Düsseldorf-Zurich sur un vol en DC4 qui durait alors une heure et demie. Le chauffeur de mon client devait me conduire à l'aéroport mais au moment où nous passons la grille de sortie, le gardien nous arrête et m'explique qu'on m'attend de nouveau à l'usine. J'y retourne et là, sans détour, le patron m'apprend qu'il envisage de construire une nouvelle fonderie, qu'il veut éviter tout risque d'erreur et qu'il veut donc me confier la planification et le suivi de ce projet. J'étais particulièrement flatté. J'ai discuté en détail avec lui et son équipe de direction du projet et ai finalement soumis une proposition pour la planification et la conduite de projet qui s'élevait à 60 000 Marks.

On m'a alors dit – et c'est typique de la Ruhr – de patienter dans le bureau de la secrétaire car ils souhaitaient encore débattre en interne. J'étais dans tous mes états. J'avais un chèque de 10 000 Marks en poche et j'avais fait une proposition de 60 000 Marks. J'avais soudain l'impression que le monde était à mes pieds ! J'arpentais le bureau, tellement nerveux que la secrétaire me dit : « Monsieur Hayek, ne vous affolez pas ! Mon patron vous apprécie. Il va sûrement vous donner cette mission. » Peu après, j'ai été rappelé auprès de la direction. On m'informa alors que 60 000 Marks était une somme un peu exorbitante mais qu'on était prêt à me donner cette mission sous réserve de l'acceptation d'une condition : « Si nous ne sommes pas satisfaits, nous stoppons tout et vous ne recevez que l argent qui vous est dû jusqu'à la rupture. » Bien entendu, j'étais d'accord. Cette condition constituait une première pour cette entreprise, mais c'est celle qui a été appliquée dès la première heure chez Hayek Engineering.

Ce client d'Ennepetal avait l'habitude de passer ses vacances d'hiver en Autriche, en compagnie de l'industriel Friedrich Karl Flick et du président du directoire de Mannesmann. Un soir, lors d'une partie de canasta, la discussion tourne autour des problèmes qu'ils rencontrent dans leurs fonderies respectives. Mon client leur parle alors de ce jeune Suisse très doué dans ce domaine, avec lequel il vient de faire une bonne expérience et qui serait, il n'en doute pas, enchanté de collaborer avec eux. Deux jours plus tard, je reçois un télégramme de F.K. Flick et un autre du président-directeur général de Mannesmann. Tous deux me demandent de venir leur rendre visite aussi rapidement que possible. On était en 1958. Je me rends chez Mannesmann, installé dans le premier gratte-ciel construit en Allemagne. Le président-directeur général me reçoit en disant : « J'ai besoin de votre avis : nous prévoyons la rénovation complète de nos installations de fonderie dans la Ruhr. Je vous donne mon chauffeur. Allez examiner le projet et revenez me voir. »

J'ai alors étudié à fond ce projet. Vous savez, j'ai beaucoup de chance. Je fais partie de ces gens qui ont la capacité de voir les choses en plusieurs dimensions. Je m'explique : vous m'installez dans une usine et, une heure plus tard, je suis capable de vous dire quel chiffre d'affaires vous réalisez, comment vous pourriez augmenter l'efficacité de nombreux postes de travail et où sont les défauts à éliminer. C'est la même chose, par exemple, lorsqu'on me soumet un rapport d'étude : je détecte très vite pratiquement toutes les erreurs significatives sans avoir besoin de décortiquer le rapport. Et c'est exactement ce qui s'est passé chez Mannesmann. Après une visite générale des ateliers et une analyse du plan d'investissements, j'ai téléphoné immédiatement au président-directeur général. Je lui ai recommandé de ne pas engager de nouvel investissement et j'ai, en revanche, proposé des mesures qui amélioreraient sensiblement le fonctionnement de l'entreprise ; sur quoi, je m'entends dire : « Mais monsieur Hayek, vous rendez-vous compte que si nous n'investissons pas dans une nouvelle usine, vous avez perdu un contrat ? » À quoi je rétorque : « Que préférez-vous ? Que je m'organise des missions ou que je vous dise la vérité ? » Peu après, de retour au siège, j'apprends que la direction générale a été enthousiasmée par mes propositions et qu'elle me confie dans la foulée une mission pour une installation à Mönchengladbach qui était elle aussi confrontée à de sérieux problèmes.

La Ruhr appelle

Cela a été ma deuxième mission importante en Allemagne. Il n'a pas fallu longtemps pour que toute l'industrie allemande m'approche. C'était alors l'époque de la reconstruction et vous ne pouvez imaginer combien les Allemands travaillaient dur. Il n'était pas question de week-ends à Majorque et de vacances à répétition ! En peu de temps, l'Allemagne est devenue mon marché le plus important. Ma notoriété dans les cercles économiques mais aussi politiques s'est rapidement installée et, très vite, j'ai été considéré comme faisant partie de l'establishment allemand. Étant quelqu'un qui, par principe, aborde tous les êtres humains sans parti pris et avec considération et respect – jusqu'à ce qu'ils me prouvent qu'ils ne le méritent pas –, je me suis fait beaucoup d'amis en Allemagne. Dans ces années-là, nous avons opéré de nombreux nouveaux développements. Je me trouvais au cœur de l'industrie automobile, au cœur de l'industrie métallurgique, et dans tous ces secteurs la reconstruction a été menée à un train d'enfer. Tous avaient confiance en moi et nous travaillions en étroite collaboration. Il n'y avait pratiquement aucune grande entreprise dans la Ruhr auprès de laquelle nous n'intervenions pas. Mais il faut le savoir : beaucoup d'Allemands à l'époque avaient encore un immense respect pour les États-Unis. On ne peut plus vraiment imaginer aujourd'hui que la plupart des managers allemands étaient alors béats d'admiration et dénués d'esprit critique devant tout ce qui était étiqueté « américain ». Presque tous avaient l'impression que le bon Dieu avait réservé le monde de l'entreprise aux diplômés de Harvard exclusivement. C'est la raison pour laquelle j'avais trouvé une formule, que j'utilise encore aujourd'hui : « Si tu envoies un âne au conservatoire de Salzbourg, tu n'en feras pas un petit Mozart. Et si tu envoies un chameau à Harvard, tu n'en feras certainement pas un Henry Ford. »

Je suis énormément redevable à l'Allemagne des années soixante et c'est pourquoi je suis toujours prêt à m'engager pour faire quelque chose pour ce pays. Par exemple, il y a quelques années, le ministre allemand de l'Économie Jürgen Möllemann me contacte avant un déplacement officiel en Arabie Saoudite car il souhaitait offrir un cadeau approprié à son hôte royal. Lui-même était membre de l'Association allemande des chevaux pur-sang arabes, laquelle était en contact avec ma fille Nayla qui a un élevage de chevaux arabes et est aussi juge-arbitre international. L'Association a alors l'idée d'acheter un cheval à Nayla comme cadeau pour le roi saoudien. Avant de conclure, l'Association a demandé si Nayla serait éventuellement prête à sponsoriser ce cheval et, dans ce cas, a suggéré qu'on le baptise Omega. Nous avons donné notre accord et dès que le cheval a été officiellement baptisé, nous l'avons offert à l'Association. C'est ma manière de témoigner ma reconnaissance pour la grande confiance que m'ont accordée l'industrie et l'économie allemandes au début de ma carrière de consultant.

« *If you can trust yourself when all men doubt you, / But make allowance for their doubting too* [...] » Voilà encore une phrase très importante. Vous remarquez comment Kipling nuance subtilement : « Si tu peux te fier à toi quand tous en doutent, / En faisant cependant sa part juste à leur doute [...] » Cette confiance en soi m'habite et ne m'a jamais fait défaut. Mais il est bien connu que je sais aussi m'entourer de gens talentueux dont je sollicite les avis et les réactions. J'y réfléchis ensuite, j'analyse ce qu'on m'a dit et si les propositions étaient bonnes et les arguments convaincants, je n'hésite pas à m'y rallier. Je peux même accepter une critique à mon égard qui a priori me semble injuste. Là aussi, lorsque je me retrouve seul face à moi-même, j'y repense et je m'interroge pour savoir s'il n'y a pas une once de vérité.

« If you can meet with Triumph and Disaster / And treat those two impostors just the same. » Tout le monde doit comprendre cela. Triomphe et désastre sont tous deux éphémères. Ce n'est pas pour rien qu'on dit en allemand que le succès disparaît comme le bruit ou la fumée. Malgré tous mes succès, je n'oublie pas que je suis mortel et que triomphe comme désastre peuvent être au rendez-vous à tout moment. Selon moi, l'échec ne doit pas être vécu comme une sanction. Il peut déclencher de nouvelles choses positives. C'est la raison pour laquelle, dans mon discours lors de l'inauguration de l'usine Smart à Hambach en Lorraine, j'avais tenu un plaidoyer pour l'inscription dans la Constitution du droit à l'échec. Je ne l'avais pas fait par hasard : ce jour-là étaient présents le Président de la République française et le Chancelier allemand.

« If you can [...] walk with kings-nor lose the common touch. » Cela aussi me paraît évident, je dirais même que cela me paraît nécessaire. Déjà, très jeune, je le ressentais car ma proche parenté comptait quelques personnes très influentes.

Mais j'ai vite constaté que je me sentais bien en compagnie de gens de moindre importance. Et cela n'a jamais changé. Un monsieur Bush et un monsieur Chirac ne m'impressionnent pas davantage que les gens avec lesquels je travaille au quotidien. Je suis toujours disponible pour mes collaborateurs et je ne fais preuve d'aucune arrogance vis-à-vis d'autrui – à moins que quelqu'un ne m'ait profondément blessé. C'est un de mes traits de caractère : traiter les gens sur le même pied d'égalité, qu'ils soient mendiants ou rois. Je m'étonne toujours moi-même de mon comportement normal, quasi quotidien, en face des grands de ce monde. Ce n'est que devant Dieu que je me comporterai probablement différemment.

La seule maxime dans ce poème qui me pose un problème est celle-ci : *« If you can make one heap of all your winnings / And risk it all on one turn of pitch-and-toss. »* Je ne suis pas un joueur et je n'irai jamais au casino pour jouer une fortune sur un chiffre dans l'espoir de la multiplier par 36. Ce n'est pas du tout mon « truc ». Je sais être courageux et capable de prendre des risques, mais uniquement lorsque cela est fondamentalement nécessaire pour progresser sensiblement et si le risque reste dans des limites appréciables. Si je prends le risque d'un investissement de 50 ou 100 millions de francs suisses dans le Swatch Group, je veux en avoir personnellement la direction suprême. Si cela se passe mal, je sais que la faute m'incombe et que je suis seul responsable. Je sais aussi que je n'ai pas agi à la légère et que mon souci était de générer du progrès pour tous. Vous voyez ce que je veux dire ? Cette maxime, c'est la seule pour laquelle je me suis toujours demandé si Kipling avait raison ou non, s'il voulait glorifier le simple fait d'être un joueur sans autre but que le jeu. Sinon, tout le reste du poème était pour moi évident.

C'est très honnête qu'un homme comme vous puisse dire : je fais aussi des erreurs. Selon vous, quelles erreurs professionnelles avez-vous commises ?

Ce qui a été sûrement une erreur, c'est la précipitation avec laquelle j'ai signé un accord avec Mercedes Benz dans mon impatience à trouver un nouveau partenaire après le retrait de Volkswagen du projet Swatchmobil. Je savais dès le départ que Mercedes Benz ne serait pas vraiment en mesure de construire une voiture qui conjuguerait haute qualité et prix attractif. Chez Mercedes, ils fabriquaient des produits haut de gamme mais les coûts n'étaient vraiment pas une barrière. La sensibilité « coûts » n'était pas à l'ordre du jour : tout était cher et cela ne les préoccupait pas le moins du monde – en tout cas à l'époque. Cette impatience à trouver un nouveau partenaire est à l'origine de cette décision. J'aurais dû être plus patient et me donner davantage de temps. Dieu merci, cela n'a pas été une erreur lourde de conséquences car elle n'a pas affecté matériellement le Swatch Group. Mais, au final, nous en avons tous pâti puisque la véritable percée du véhicule écologique se fait toujours attendre. J'avais cru que Mercedes, selon les accords que nous avions signés, construirait avec nous ce véhicule. Mais la direction à Stuttgart en a décidé autrement. Ils ont dit « non » à ma Swatchmobil et m'ont fait clairement comprendre qu'ils n'étaient pas réellement intéressés par une voiture écologique. Plus tard peut-être... C'est la raison pour laquelle, à ma demande et au dernier moment, ils se sont séparés de nous en nous payant un montant à deux chiffres en millions de Marks pour nos travaux de recherche et développement, et en reprenant nos actions (de l'entreprise conjointe MCC) au prix initialement investi et donc sans aucune perte pour nous.

Comment devient-on riche ?

« *If you can wait and not be tired by waiting.* » C'est peut-être ça le plus difficile. Je suis quelqu'un de très impatient : il faut toujours que je passe à l'action sans plus attendre. C'est vrai qu'avec l'âge, je parviens à mieux dompter mon impatience, mais elle fait partie intégrante de ma personnalité. En revanche, pour ce qui est de l'argent, je n'ai jamais non plus couru après. Il arrive souvent que des jeunes me demandent comment on fait pour devenir riche. À ceux-là, je conseille toujours de ne surtout pas planifier le « devenir riche » car si on se focalise sur un tel but, on a fort peu de chance de l'atteindre. Si on court après l'argent, on se perdra là où il n'est pas et le résultat sera souvent pitoyable. Dans notre société, ce qu'il faut, c'est développer quelque chose de fantastique et d'original, mettre en œuvre des innovations qui profitent à la collectivité. Il n'y a rien à faire de plus car, forte de cela, la société fait en sorte que tous – et vous aussi – s'enrichissent. Cela ne me pose pas de problème de devenir de plus en plus riche si la collectivité en profite également. Prenons par exemple le Swatch Group : non seulement tous les salariés et également les investisseurs ont profité au plan financier de son développement, voire se sont sensiblement enrichis, mais c'est aussi toute l'économie de la région qui tire avantage de notre dynamique. C'est pourquoi personne ne me reproche d'avoir gagné des milliards (du moins sur le papier). Là n'était pas mon but. L'important n'était pas l'augmentation du cours de la Bourse. Non, mon objectif était et est toujours que les sociétés dont j'ai la charge puissent travailler de manière rentable. L'argent est avant tout pour moi un instrument de travail important, un outil pour l'entrepreneur qui lui permet de développer de nouveaux produits, de nouveaux emplois et de créer de la croissance.

Dans notre société, le succès c'est aussi l'argent. C'est facile de dire : je ne cours pas après l'argent, quand on a déjà acquis le premier million. Mais la plupart des gens n'ont pas cette sécurité et dès lors ils rêvent d'en gagner beaucoup.

Vous avez raison. Mais c'est un fait que si vous n'avez qu'une seule idée en tête : « gagner le plus possible d'argent », vous ne deviendrez jamais riche. Un jeune qui opte pour une profession uniquement parce qu'il pense qu'il va gagner beaucoup d'argent commet une erreur grossière. Bien sûr, je ne parle pas de la couverture des besoins courants, qui est légitime. Mais si l'on veut vraiment réussir, il faut être porté par un élan, un enthousiasme et se lancer dans quelque chose qui est utile à la société ou à soi-même. Sinon, on est « accro » à la Bourse et c'est très rare qu'on finisse par s'enrichir durablement : à 99 % c'est l'échec. C'est quelque chose que je n'ai jamais fait. Lorsque j'ai créé ma première entreprise, notre fille Nayla avait cinq ans et notre fils Nick venait d'avoir trois ans. Jusqu'alors, nous avions vécu comme toute famille de la classe moyenne en Suisse. Nous n'étions pas riches mais n'avions pas de problèmes financiers. Nous louions un appartement dans une maison qui en comptait trois, possédions une petite voiture... jusqu'à ce que je devienne indépendant en 1957. La première année, comme je l'ai déjà raconté, je n'ai guère eu de succès. Mais dès 1958 les affaires étaient plutôt florissantes. Donc, ma famille n'a pas vraiment ressenti les difficultés du début, même si mon épouse Marianne n'aurait de toute manière jamais rien laissé paraître. Elle a toujours été là pour moi et les enfants et avait une totale confiance dans mes capacités entrepreneuriales.

Je me souviens lorsque notre fille avait un ou deux ans. Nous étions jeunes mariés et j'étais encore très naïf. Cela a été l'unique fois, je crois, où je me suis retrouvé complètement sans le sou. Nous passions quelques jours de vacances dans le Tessin. J'avais oublié d'emporter suffisamment d'argent liquide et nous nous sommes retrouvés rapidement démunis. J'avais encore 500 francs sur un compte d'épargne et j'ai demandé à la banque d'envoyer 250 francs dans le Tessin. Je devais attendre à la gare jusqu'à ce que l'argent arrive. Notre petite fille pleurait parce qu'elle avait faim. Lorsque l'argent fut enfin là, nous nous sommes précipités dans le premier restaurant... À part cet épisode, je ne pense pas que nos enfants aient manqué de quoi que ce soit. Et puis, nous n'évoquions jamais devant eux des problèmes financiers, des soucis ou des craintes. Mais pour être franc, je n'ai jamais eu de craintes. Si vous prenez un petit risque pour atteindre un gros objectif, il ne faut pas hésiter. Le risque que j'avais pris, c'était de faire faillite, me retrouver avec ma famille sans argent, contracter des dettes – ce que je hais comme la peste – et devoir trouver un nouveau job. Vous voyez, le risque était prévisible. Pourtant, je reste convaincu qu'à ma place beaucoup n'auraient pas franchi le pas. Trop de gens se disent : « Cela ne va pas si mal, pourquoi devrais-je changer quelque chose dans ma vie ? »

« *If you can bear to hear the truth you've spoken / Twisted by knaves to make a trap for fools, / Or watch the things you gave your life to, broken, / And stoop and build 'em up with worn-out tools.* » Dieu merci, je n'ai pas encore eu à vivre cette dernière situation. L'industrie horlogère était déjà presque totalement au fond du gouffre lorsque j'y suis arrivé, mais ce n'est pas sous ma conduite qu'elle s'est effondrée. Cependant, j'ai dû effectivement repartir de zéro avec des outils usés. Quant à la première situation, je la vis en revanche plus fréquemment que je ne le voudrais dans les médias. Écrire la vérité sur Hayek, c'est ennuyeux. En tout cas, c'est ce que beaucoup de journalistes se disent : un article affirmant que Hayek est un type bien, un type doué, qui a réussi à faire des choses positives... a priori, cela ennuie le lecteur qui ne s'y intéresse pas et qui ne lit pas les journaux pour ça. Le journaliste aujourd'hui ne peut plus écrire quelque chose de positif, c'est suspect. Du reste, lors d'une commémoration, j'ai reçu d'un rédacteur en chef réputé de Suisse romande un hommage intitulé « L'édito impubliable ». Son texte reprenait tout ce que Nicolas Hayek avait déjà initié et réalisé en Suisse. La liste était longue. Mais à la fin de son article, le journaliste fit remarquer qu'il ne pourrait jamais nulle part publier un tel éditorial ! S'il le faisait, ses lecteurs et collègues lui reprocheraient son absence d'esprit critique, son manque de professionnalisme, voire d'être à la solde de Hayek. Vous voyez, c'est comme ça aujourd'hui avec les médias. En revanche, si on titre dans le journal : « Nicolas Hayek a volé un chat ! » ou « Révélations sur le passé de Nicolas Hayek ! » – alors qu'il n'y a pratiquement rien à dévoiler –, on s'inscrit dans une forme de journalisme qui fait vendre. Peu importe si ce qui est écrit est exact ou pas. Les erreurs peuvent toujours être corrigées plus tard.

« Yours is the Earth and everything that's in it, / And – which is more – you'll be a Man, my son ! » Diriez-vous de cette manière cette dernière phrase à votre fils et à votre petit-fils ?

Oui, bien sûr. Mais je n'ai pas besoin de dire une telle phrase ni à mes deux enfants, ni à mon petit-fils, ni à d'autres futurs descendants. Car ils peuvent lire Kipling par eux-mêmes. S'il s'agit de leur servir de modèle dans quelques situations, je préfère qu'ils fassent eux-mêmes leur propre expérience en étant confrontés à ces situations. Donner des leçons n'est pas ma tasse de thé. En tout cas, je peux vous dire que j'ai constaté que mes trois descendants – que ce soit dans l'action ou dans leur mode de vie – sont en phase avec les déclarations de Kipling.

« If you can force your heart and nerve and sinew / To serve your turn long after they are gone, / And so hold on when there is nothing in you / Except the Will which says to them : "Hold on !" » Quelle est votre relation avec votre corps ? Devez-vous le forcer ou est-il simplement à votre service ?

Dans ma vie, il y a eu de nombreuses périodes au cours desquelles j'ai dû surmonter des obstacles importants. Mon corps et mon esprit ont toujours suivi sans problème. Je crois que je dois beaucoup à ma bonne constitution physique. Elle m'a fourni la force, l'énergie et la persévérance nécessaires qui m'ont permis de me concentrer et de m'imposer dans mon combat pour des objectifs importants. Et elle m'aide aussi pour motiver souvent durant des journées entières mes collaborateurs. Mais c'est vrai que j'ai rarement malmené mon corps. Je ne le force d'ailleurs à rien ; sinon, je serais probablement svelte et élancé. Je n'envisage pas de me forcer à moins manger. Mais, par nature, ma constitution me maintient en bonne santé. Par exemple, je ne supporte au maximum qu'un verre de vin car, au fond, je n'aime pas l'alcool. Vous essaieriez en vain de passer une nuit à boire avec moi. L'ancien ministre allemand de l'Économie, Hans Friderichs, avait un jour organisé une grande fête très arrosée avec pratiquement toute l'élite dirigeante de l'économie allemande. Toute la soirée, j'ai siroté mon unique verre de vin. J'ai un mode de vie plutôt sain. Non pas que je le planifie ; je ne suis pas quelqu'un d'obnubilé par le désir d'avoir une bonne santé. Mais la nature m'a accordé un gros potentiel en énergie et je ne mange et ne bois que ce que j'aime. J'ai également pendant très longtemps pratiqué régulièrement du sport à un bon niveau. J'adorais le ski et le tennis.

Au début de notre entretien, vous avez mentionné votre école. Quand et pourquoi avez-vous quitté le Liban ? Y êtes-vous un jour retourné depuis ?

Cela fait quelque cinquante-cinq ans que je suis arrivé en Suisse. Non, je n'y suis plus jamais retourné depuis. Et maintenant, c'est vraiment difficile. Regardez : il y a deux ans, par exemple, l'Université américaine de Beyrouth m'a nommé docteur *honoris causa.* J'aurais dû aller chercher personnellement cette distinction, mais ça, je ne peux pas. Vous ne pouvez imaginer ce qui se passerait à mon arrivée. Tous voudraient me fêter. Ce serait exactement le genre de mondanités que je déteste. Je devrais accepter invitation sur invitation et tout cela est pour moi beaucoup trop astreignant. Alors, j'ai remercié en remettant à plus tard la remise de la distinction. J'ai quitté ce merveilleux pays il y a plus de cinquante ans et jamais je n'ai pu y retourner depuis.

Le Liban est bien un terreau de l'esprit d'entreprise, n'est-ce pas ?

En effet, il y a beaucoup de gens originaires du Liban qui ont été ou sont de bons entrepreneurs. Vous pouvez en dire autant de l'Autriche. Il y a vingt ans, nombre de patrons de grandes sociétés allemandes étaient d'origine autrichienne. Malgré tout, il serait complètement erroné de prétendre que tous les Autrichiens ont une âme d'entrepreneur. Le Liban est une fantastique région, une union de plusieurs races et religions qui a été recréée après la Première Guerre mondiale grâce au soutien des Français. C'est un lieu unique avec des plages de sable magnifiques sur la Méditerranée et juste derrière un très beau massif montagneux. Ici se sont établis les derniers croisés qui fuyaient les musulmans, et plus tard ce sont les musulmans eux-mêmes qui s'y sont installés. Bien avant les croisés, on trouvait les Phéniciens, un peuple de marins pionniers et guerriers. Les Ottomans et les Grecs ont également laissé des traces. C'est un peuple incroyablement mélangé et plein de vitalité. Vous trouvez là-bas aussi bien des femmes blondes que des beautés brunes. Vous croisez beaucoup de types physiques dans toutes leurs nuances. Ma famille appartenait à l'élite chrétienne orthodoxe, bien que mes parents n'aient pas été vraiment fortunés. Durant mon enfance et mon adolescence, j'étais effrayé par la superficialité d'une partie de ce milieu. C'est pourquoi je l'ai toujours abordé de manière très critique. C'est aussi la raison pour laquelle je reste toujours aussi allergique à tout ce qui est superficiel et suis en recherche permanente de contenu et de profondeur.

« L'enfant terrible »

Les médias vous présentent volontiers comme « l'enfant terrible » de l'industrie et de l'économie suisses. Ce surnom vous convient-il ? Correspond-il à la vérité ? Étiez-vous un enfant terrible ?

Durant toute ma vie, j'ai provoqué et remis en question la société. Même tout jeune garçon, je me posais constamment la question : pourquoi les gens font-ils cela et pourquoi cela précisément ? Un de mes oncles était ambassadeur et j'étais très souvent invité chez lui. J'étais, comme la plupart des enfants, un adorable petit garçon et je devais aller aux cocktails de mon oncle avec un nœud papillon et un costume ridicule. Ma tante était très fière de moi et me présentait à la comtesse Machinchose, au lord Patapouf ou au général Tartempion et je devais les saluer en m'inclinant. Mais dès qu'on me laissait un peu tranquille, je me mettais à observer cette société et je constatais la chose suivante : monsieur Hayek retrouve monsieur Bartu après qu'ils se sont perdus de vue depuis de nombreuses années. En lui tapant sur l'épaule, il lui exprime sa joie : « Comme je suis content de vous revoir ! Comment allez-vous ? » Et monsieur Bartu de répondre : « Oh ! monsieur Hayek, je suis au plus mal, je viens de recevoir un coup de poignard dans le dos et je perds tout mon sang. Pouvez-vous vite appeler un médecin ? » Pour toute réponse, il a droit à : « Je suis vraiment ravi que vous vous portiez si bien. Mais je vois le baron Untel là-bas qui me fait signe. Excusez-moi, il faut que j'aille le rejoindre. » Et il s'éloigne, sans même avoir saisi une once de ce que son interlocuteur lui a dit. Cette superficialité est effroyable. J'ai une profonde aversion pour ce genre de réceptions et vous ne m'y verrez jamais plus de quelques minutes.

Je vous donne un exemple qui montre qu'aujourd'hui encore, je ne me lasse pas de remettre en question notre société. Prenez la lettre que j'ai récemment écrite à une grande université de notre pays. Il s'agit de ma réponse à l'invitation que j'avais reçue de prononcer un discours dans l'un des instituts les plus prestigieux de cette université. Cette lettre reflète mon véritable état d'esprit. Je l'ai sous la main car je reçois chaque jour des demandes similaires. À vrai dire, lors d'une première demande, j'avais répondu poliment au recteur de l'institut en question que malheureusement je ne pouvais me libérer pour la date proposée. Mais il ne désarma pas et revint à la charge, un ou deux ans plus tard, en me proposant de nouvelles dates. Je me suis alors dit que je ne pouvais pas toujours esquiver et qu'il était préférable de lui répondre honnêtement. Voici ce que je lui ai écrit :

« Un grand merci. Je suis particulièrement honoré que vous tentiez à nouveau de m'inviter en qualité d'orateur officiel. Votre souhait me pousse à vous faire part en toute honnêteté de mes hésitations et de mes doutes sur mon éventuelle participation. En effet, depuis l'époque où j'assistais en tant qu'invité aux exposés et au repas qui suivait, je sais comment se déroule le programme. Or, depuis quelque temps déjà, monsieur le Recteur, au rôle d'orateur lisant un exposé devant son public, je préfère celui de transmetteur d'expérience et de sagesse à travers de réels échanges avec ce même public. De nombreuses universités américaines et européennes, et bien entendu suisses, envoient régulièrement des étudiants « "en pèlerinage" à Bienne et je les accueille toujours de la manière suivante : "Au lieu de vous tenir un discours pendant quinze minutes de manière professorale et ensuite de répondre à trois ou quatre questions, je préférerais dialoguer avec vous et confronter vos besoins et envies à ma propre expérience... Mais s'il y en a parmi vous qui préfèrent que je prononce un discours, qu'ils lèvent la main." Sur les trente à quarante rencontres que j'ai eues jusqu'à présent, cela n'est jamais arrivé !

« Un discours ou un exposé, c'est pour moi de la communication à sens unique qui ne contribue guère à l'épanouissement de l'auditeur et sert avant tout l'ego de l'orateur – à moins qu'il ne s'agisse d'un véritable appel comme par exemple Winston Churchill en 1946 dans son célèbre discours de Zurich où il parlait de la création de l'Europe. Je souhaite, pour ma part, communiquer plusieurs messages qui parfois suscitent de l'enthousiasme, de la confiance en soi, qui peuvent aussi contribuer à corriger une mauvaise orientation. Mais si je veux être en mesure de bien communiquer sur ces messages, je ne peux pas m'en tenir au schéma habituel. J'ai fait dans ma vie un nombre incalculable de discours ou d'exposés – une fois les applaudissements terminés, les gens avaient déjà oublié... C'est la raison pour laquelle une intervention devant votre Institut selon le schéma actuel – immuable depuis soixante ans ou plus – serait pour l'auditoire et, je dois l'avouer, pour moi aussi, tout simplement ennuyeux. De plus, je ne participerais ni au dîner ni à toute autre réception. Donc, si vous êtes intéressé par ma proposition et si vous pouvez organiser votre programme d'une autre manière, je serais prêt à avoir cet échange enrichissant avec le public. De toute manière, chaque question importante sera l'objet d'un petit topo de ma part. Mais il est clair que, dans ces conditions, il faut que je dispose d'une heure au minimum, peut-être davantage. »

Vous a-t-il répondu ?

Non. Malheureusement, il a vraisemblablement dû se sentir blessé alors que j'ai beaucoup de respect pour lui. En revanche, le conseiller fédéral (ministre suisse) Hans-Rudolf Merz et le département des Finances, plus téméraires, m'ont répondu. Le conseiller fédéral Merz voulait que je fasse une conférence à Lucerne devant les collaborateurs de son département. Je n'ai pas voulu rédiger quelque chose de nouveau et lui ai dès lors adressé la même lettre. Coup de téléphone de ses services : ils acceptaient ma proposition. Eh bien, je dois dire que j'ai passé une journée fantastique et passionnante à Lucerne : la discussion a duré quelque deux heures et demie et nous avons abordé des questions très intéressantes sur des sujets très variés.

À vrai dire, je vous cite ces exemples pour vous montrer combien j'ai une aversion réelle et profonde pour tout ce qui est superficiel. La superficialité dont font preuve les gens que l'on retrouve toujours systématiquement aux grands rendez-vous mondains n'a pas plus de sens que la vanité des rencontres du Forum économique mondial de Davos où chacun veut prouver qu'il est le plus beau et le plus grand. Il faut en effet savoir qu'à de rares exceptions près, on ne brasse que de l'air à Davos. Au début, j'y ai moi-même participé, mais j'ai très vite pris mes distances. Si vous analysez rigoureusement d'un peu plus près tout ce qui se raconte là-bas, vous constaterez qu'il n'y a rien de vraiment substantiel à en tirer. Il est vrai qu'à Davos on entend de grands et beaux discours, mais ils sont rarement suivis d'effets. Il s'ensuit tout au plus d'autres rencontres politiques au sommet sans résultats tangibles. Davos, c'est avant tout une grosse action de relations publiques pour le Forum économique mondial et pour la Suisse, mais pas davantage. Lorsque j'en ai pris conscience il y a des années, je me suis à nouveau demandé : « Mais pourquoi font-ils cela ? »

Et quelle a été votre réponse ?

Parce que d'un côté, les êtres humains manquent de confiance en eux-mêmes et parce que de l'autre côté, ils sont vaniteux. La plupart voudraient absolument appartenir à la prétendue élite mondiale des managers. Ils aspirent à se présenter sur une sorte de scène mondiale, comme l'est Davos ou plus exactement le Forum économique mondial. Ils viennent pour voir et être vus, éventuellement même pour prononcer un discours. Lorsqu'un chef d'État ou un ministre de renom est présent, ils espèrent pouvoir humer un peu du parfum du pouvoir et se sentir eux-mêmes importants. Il n'est pas rare qu'ils soient même contaminés par le narcissisme des grands politiciens.

La responsabilité sociale de l'entrepreneur

Puisque nous sommes dans la thématique du discours, j'aimerais vous interpeller sur un exposé que vous avez fait en 1997 devant l'assemblée générale du Vorort, aujourd'hui Économie Suisse (Fédération des entreprises suisses et association des patrons). Vous disiez alors que l'entrepreneur a une grande responsabilité sociale car la place du travail joue un rôle très important dans la vie de l'homme moderne. En même temps, vous critiquiez aussi le fait que les entrepreneurs ne prenaient pas suffisamment en compte cet aspect. Était-ce une provocation ?

Non. C'était vraiment ce que je pensais. On m'a en effet souvent demandé si le redressement de l'industrie horlogère ou si le succès de Nicolas Hayek aurait pu se faire à tout moment, voire pourrait être réitéré. Et j'ai toujours répondu par la négative. En effet, cela devait arriver à « notre » époque. Que je vous explique : je ne veux quand même pas vivre dans une société où je serais pratiquement le seul heureux quand tous les autres seraient malheureux. Cela, je ne pourrais – comme beaucoup d'autres d'ailleurs – le supporter. Je suis quelqu'un qui aime les autres et qui veut aussi les voir heureux, du moins au plan matériel (un domaine où je peux dans certains cas avoir parfois une certaine influence). Supposons que mon épouse rentre à la maison après avoir fait de nombreux achats qu'elle débarrasse de la voiture sous l'œil d'enfants du voisinage dont le père est au chômage ; ces enfants vont se demander pourquoi cette femme peut se permettre de tels achats alors que leur mère ne le peut pas. Et ça, c'est une société dans laquelle ni vous ni moi n'aimerions vivre. Ou bien prenons le terrorisme qui constitue aujourd'hui une menace pour nous tous : bien sûr, on peut dire « ce ne sont que des criminels ». Et à n'en pas douter, ce sont effectivement des criminels. Mais peut-être faut-il aller plus loin et se poser la question : comment en sont-ils arrivés là ? Ils sont devenus criminels parce qu'on ne leur a pas permis de se développer et de se sentir heureux. Lorsque vous ne pouvez envoyer vos enfants à l'école, que vous ne pouvez cultiver votre terre, que vous n'avez pas d'argent et que vous risquez de mourir de faim – alors vous préférez mourir pour une autre cause.

C'est la raison pour laquelle j'ai fait appel, dans le discours que vous citiez, à la responsabilité sociale de l'entrepreneur. D'après moi, chaque entreprise a une âme et une culture qui lui sont propres, exactement comme un pays. Toute entreprise de qualité offre à ses collaborateurs un sentiment fort en termes d'identité, de sécurité et de protection. Depuis l'Antiquité jusqu'au milieu du siècle dernier, cette fonction d'intégration était assurée par la famille, la tribu, le village, la ville ou la patrie. Aujourd'hui, dans notre société industrielle moderne, personne ne peut plus prétendre en toute bonne foi que la patrie, le village ou la famille constituent encore ce système et ce lien solides. De plus en plus, ce rôle est aussi celui de l'entreprise et du travail qui permettent de procurer à chacun un sentiment d'appartenance, de sécurité et de protection, et aussi de donner une identité à l'individu. De ce fait, nous n'avons pas le droit, en tant qu'entrepreneurs, ni de détruire des entreprises viables ni d'ignorer que la création de nouveaux emplois dépend uniquement du développement de nouveaux produits et de l'innovation. N'oublions pas également que les gens ne demandent pas l'aumône mais du travail, de la sécurité et des perspectives. C'est pourquoi, pour moi, les véritables entrepreneurs sont comme des artistes : ils créent de nouveaux produits et de nouveaux emplois.

À mes yeux, c'étaient des mots importants et lourds de sens. En effet, depuis longtemps déjà, je m'engage pour le maintien et la création d'emplois. Je mène un réel combat contre le chômage en développant de nouveaux jobs partout où c'est possible. De plus, je n'arrête pas de répéter depuis toujours que les êtres humains ne peuvent être, et de loin, assimilés uniquement à un facteur coûts. C'est notamment ce que je dis aux patrons qui me demandent s'ils ne devraient pas délocaliser leur entreprise parce que les salaires à l'étranger sont plus bas. Qu'avons-nous fait avec l'industrie horlogère ? L'opinion alors répandue était qu'il fallait licencier pour réduire les coûts et c'était d'ailleurs ce que la plupart faisaient. Après, il aurait fallu essayer de gagner de l'argent uniquement avec les marques Omega, Longines et Rado. Si nous nous étions contentés d'un tel scénario, nous aurions aujourd'hui une entreprise de 1 000 à 2 000 salariés et un chiffre d'affaires d'environ 300 à 500 millions de francs suisses.

Nous afficherions un bénéfice de l'ordre de 20 millions de francs suisses... et tout le monde serait content.

Mais, dès le départ, je n'ai pas adhéré à cette vision. Lorsque l'industrie horlogère était en pleine crise et que des milliers de gens perdaient leur emploi, je me suis juré de tout mettre en œuvre pour redonner à ces gens du travail, de la protection et de la sécurité. Nous avons remis à flot l'industrie horlogère avec une stratégie de développement offensive. Et nous sommes très fiers que le Swatch Group compte à nouveau aujourd'hui plus de 20 000 collaborateurs dont pas moins de 11 000 travaillent en Suisse. De plus, nombreux sont les Suisses qui travaillent pour nous à l'étranger, dans les pays limitrophes ou plus lointains. Pour vous montrer comment nous avons opéré à l'époque, je vais prendre l'exemple de la société Omega. Chez Omega, les coûts salariaux représentaient entre 20 et 30 % des coûts de fabrication, les achats de matières et la logistique près de 40 %, et il faut encore ajouter les coûts de gestion, ce qu'on appelle les *overheads*, les frais de déplacement, les loyers et autres charges. Les coûts salariaux ne constituaient donc pas le poste le plus élevé. C'est pourquoi nous nous sommes tout d'abord attelés à optimiser les achats de matières et la logistique et, en parallèle, à améliorer le produit et la communication.

Les hommes ne sont pas des facteurs de coûts

En Suisse, c'est bien connu, nous sommes des acheteurs idéaux, des acheteurs parfaitement éduqués. Il ne viendrait à personne l'idée de marchander un tube de dentifrice dans un supermarché. Mais c'est ce que nous devrions faire dans l'industrie. Commencer par réduire les coûts de matières au lieu de licencier arbitrairement des travailleurs, convenons que c'est dans l'intérêt de tous. Malheureusement, ce n'est pas toujours ce qui est pratiqué et nombreux sont les non-entrepreneurs (les managers) qui opèrent des licenciements dans le but de réduire leurs coûts de production.

Encore trop peu envisagent des optimisations au niveau des achats et de la logistique. Car le prix mais aussi la gestion des commandes et des achats sont fondamentaux. Trop souvent, nous avons constaté que les achats de matières sont de fait nettement supérieurs aux besoins réels. Rien qu'avec les économies réalisées dans ce domaine, nous sommes toujours parvenus à enrayer les pertes, et avec les nouveaux produits et une nouvelle communication pertinente, nous avons également pu augmenter le chiffre d'affaires.

Mais que fait le manager qui n'a pas de talent entrepreneurial lorsqu'il doit, en dépit d'un chiffre d'affaires stable ou même en augmentation, réduire ses coûts ? Il va au plus simple et se dit : « Je licencie 200 salariés. » Ce qu'il ne réalise apparemment pas en procédant de la sorte, c'est qu'il implique – pour le dire sans ambages – que ces 200 personnes ne servaient à rien et qu'il est donc un imbécile de les avoir gardées. Car de deux choses l'une : ou bien il employait 200 personnes superflues, ou bien il renonce aujourd'hui à 200 personnes dont il aurait effectivement besoin pour assurer sa croissance. Auquel cas, avec ces licenciements, il ampute également une partie de son chiffre d'affaires.

Ce n'est pas comme cela que ça se passe avec moi. Je ne considère pas le salarié comme un facteur de coûts mais, au contraire, comme un facteur de valeur ajoutée. C'est vrai, plus il y a de gens en Suisse qui travaillent et qui gagnent de l'argent, plus je peux leur vendre mes montres. Le contraire est aussi valable : lorsque, par exemple, en Allemagne il y a beaucoup de gens au chômage ou en situation précaire, j'enregistre une diminution des ventes. Le chômage me touche donc aussi personnellement. Non pas uniquement au plan émotionnel, comme dans l'histoire avec ma femme et les enfants dont le père est au chômage, mais aussi au niveau de mon porte-monnaie en tant qu'entrepreneur. Pour revenir à Omega, qu'avons-nous fait là-bas ? J'ai décidé de prendre en main moi-même les achats, la logistique et le problème des rebuts. Bien entendu, j'aurais pu dire à mon acheteur qu'il devait acheter moins cher, ce à quoi sans tarder il aurait rétorqué que c'était impossible et qu'il avait déjà fait le maximum. S'il n'a pas l'esprit entrepreneurial, il considérera l'importante fonction opérationnelle des achats comme une simple fonction administrative. Et c'est très regrettable. Soyons clairs, il ne s'agit pas ici de faire une pression maximum sur les fournisseurs pour obtenir des prix au-dessous de leurs prix de revient. Au contraire : pour tous les postes d'achat importants, il faut plutôt essayer avec le fournisseur de trouver des moyens pour minimiser ses coûts de production, donc aider le fournisseur à avoir une marge acceptable. Mais pour arriver à un tel résultat et s'agissant d'une situation quelque peu délicate, il faut s'y impliquer personnellement. Aujourd'hui, c'est vrai, je ne m'occupe plus personnellement des achats chez Omega, mais toutes les commandes à partir d'un certain montant sont toujours soumises à ma signature... et parfois j'y consacre rien de moins qu'une demi-heure par semaine.

Contrôle des coûts créatif

Laissez-moi vous donner d'autres exemples simples qui montrent ce qui peut se produire dans les achats et la logistique lorsqu'on n'est pas vigilant.

Supposons que vous ayez besoin d'acheter dix vis par montre pour quelque 100 000 montres, ce qui revient à dire qu'il vous faut un million de vis. Vous confiez cette opération à un acheteur pas très doué mais qui entretient depuis plusieurs années des contacts dans le milieu de la visserie. Notre acheteur appelle donc monsieur Dupont de la société Dupont et demande une offre pour la fourniture de 1 million de vis. S'agissant d'un volume particulièrement important et monsieur Dupont voulant obtenir l'affaire, il va dire à votre acheteur qu'il lui fera un prix d'ami, à disons un franc par vis. Et parce que monsieur Dupont est aussi un bon businessman et un bon entrepreneur, il va ajouter qu'il pourrait faire une offre à 75 centimes, voire 70 centimes, mais qu'un engagement de commande de 1,5 ou 2 millions de pièces serait alors nécessaire. Pour profiter du prix le plus avantageux, l'acheteur commandera vraisemblablement les 2 millions de vis. Il fera le calcul suivant : « J'ai deux millions de vis pour 1,4 million de francs au lieu de 2 millions. Je fais donc gagner 600 000 francs à l'entreprise et nous utiliserons de toute manière les vis supplémentaires cette année ou sinon l'année prochaine. » Très satisfait de cette bonne affaire, il achète donc les 2 millions de vis. Or sa responsabilité en tant qu'acheteur aurait été de négocier durement et de faire jouer la concurrence. Je suis convaincu que de cette manière il aurait pu effectuer l'achat du million de vis pour 800 000 francs suisses, donc 80 centimes pièce. Au lieu de cela, il achète 2 millions de vis à 70 centimes, engageant des coûts de 1,4 million de francs. Il a donc surinvesti à hauteur de 600 000 francs suisses, auxquels il faut ajouter la problématique du stockage lors de la livraison et les coûts supplémentaires occasionnés par la mise à disposition ou la location d'aires de stockage supplémentaires.

Et puis arrive ce qui devait arriver : l'année suivante, changement de modèle de montre nécessitant de nouvelles vis. L'entreprise se trouve non seulement avec un million de vis superflues en stock mais aussi des coûts occasionnés par le stockage, l'assurance et autres. Ce sont des coûts inutiles qui représentent beaucoup d'argent. Il faut se rendre compte que pour un chiffre d'affaires de 1,5 milliard de francs suisses, les achats de matières à eux seuls représentaient 30 % de ce montant, soit près de 450 millions de francs suisses. Les coûts de main-d'œuvre représentaient un peu plus de 20 %, c'est-à-dire 300 millions de francs suisses. Ce qui veut dire que l'on consacrait 150 millions de plus aux achats de matières qu'aux salaires et charges sociales.

Malheureusement, cela interpelle peu de managers. Dans nos contrées, nous ne sommes guère habitués à marchander et encore moins à proposer aux fournisseurs significatifs des offres de rationalisation pour réduire leurs propres coûts. Pourtant, chez Omega, en procédant de la sorte, nous avons durant les seules huit premières années économisé plus de 30 millions de francs suisses par an, étant entendu qu'à l'époque j'avais décidé que rien ne pouvait être commandé sans ma signature. En même temps j'avais introduit le principe de la double signature, de façon à ce que je doive tout contresigner. Depuis, nous avons chez Omega, Dieu merci, un responsable des achats intelligent et compétent qui signe conjointement avec moi.

Autre exemple : un jour, les cadres de l'une de nos sociétés vinrent me trouver pour que je valide une commande de pièces en plastique dont ils avaient besoin en urgence pour exposer des montres et bijoux dans des vitrines et des boutiques. La commande représentait la coquette somme de 7,5 millions de francs suisses. J'ai donc tout de suite demandé des précisions quant à l'utilisation de ce matériel, pourquoi et combien. Ensuite, j'ai demandé à voir les différentes offres qui avaient été soumises. J'exige en effet que nous ayons au moins trois offres concurrentielles, de manière à pouvoir comparer et ensuite négocier. Mais, dans ce cas précis, il n'y avait pas d'offre alternative. On m'expliqua que vu l'urgence de la chose, il n'avait pas été possible de solliciter d'autres fournisseurs et qu'il fallait passer commande le lendemain au plus tard. Tout ceci ne m'impressionna guère et je me refusai catégoriquement à signer tant que nous n'aurions pas d'offres concurrentes. De très mauvaise humeur, j'ajoutai à l'attention du responsable que si une telle chose venait à se reproduire, il pourrait se chercher un autre job au sein du Groupe : ou bien au service de l'emballage, ou bien dans notre bureau au Nigeria. Plutôt que de licencier, ce que nous voulons éviter, nous préférerons envoyer les gens au service de l'emballage, ou bien ailleurs !

Trois jours plus tard, le responsable revint m'expliquer qu'en définitive il n'avait pas besoin de 10 000 pièces comme prévu dans la commande initiale, mais qu'au départ 2 000 pièces devraient suffire puis, en fonction de l'évolution, 4 000 à 6 000 pièces pourraient être ultérieurement nécessaires. Il reconnut aussi qu'ils avaient voulu commander auprès du fournisseur qui avait fait le plus de publicité. C'est un cas classique. Savez-vous, au final, combien nous avons économisé grâce à ces contrôles ? Vous ne le croirez pas, mais c'était plus de 5 millions de francs suisses. Il faut savoir qu'il ne s'agit pas d'un cas unique. Je pourrais vous donner des centaines d'exemples de ce genre issus de cinquante années d'expérience, mais aussi des exemples de coûts inutiles résultant de la production de rebuts et du gaspillage de matières. Cela ne concerne pas uniquement le Swatch Group mais toutes les entreprises. Au fait, savez-vous comment on me nomme parfois en interne ? Oncle Picsou !

Avec ces exemples, je ne veux pas démontrer qu'on peut toujours et dans tous les cas éviter les licenciements. Il est impossible de prétendre cela de manière aussi générale. Prenons, par exemple, le cas de revendications syndicales qui se traduisent par une diminution du temps de travail ou d'autres mesures de renchérissement des salaires. Là, le compte n'y est pas. Car chaque augmentation importante de la masse salariale pèse immédiatement sur les résultats et entraîne, dans certains cas, des pertes d'exploitation. Dans une telle situation, des licenciements sont inévitables. C'est la même chose lorsque, tout à coup et de manière inattendue, votre chiffre d'affaires s'écroule. Chez Swatch Group, notre chiffre d'affaires a été de l'ordre de 4,5 milliards de francs suisses en 2005 et 5,2 milliards de francs suisses en 2006. Si, pour une raison quelconque, il venait subitement à chuter à 1,2 milliard de francs suisses, nous n'aurions pas d'autre choix que de nous séparer de certains de nos salariés et de supprimer des postes de travail pour pouvoir préserver les autres.

Dieu merci, ce n'est pas le cas – ni chez nous ni d'ailleurs dans toutes les banques et autres entreprises qui licencient uniquement pour augmenter leur bénéfice et ainsi influer positivement sur le cours de la Bourse. Ceci est à proprement parler tout à fait indigne et, en plus, c'est une vision sacrément à court terme. Il n'y a pas si longtemps, l'un des grands groupes chimiques ou pharmaceutiques suisses a annoncé avec fierté avoir réalisé au cours de l'exercice écoulé 15 % d'augmentation par rapport au bénéfice précédent. Dans la foulée était annoncée la suppression de quelque 2 000 emplois. À la lecture de cette information, je me suis dit que ceux qui étaient derrière le communiqué de presse étaient soit tordus, soit démunis de toute conscience. Pourquoi fait-on cela ? On commence par dire : « Formidable, nous avons gagné beaucoup d'argent, nous sommes riches. Regardez tous les millions que nous avons. » Puis, sans la moindre retenue, on ajoute : « Mais cela ne nous suffit pas. Nous voulons encore plus. Et pour cela nous anéantissons des emplois. » Je dis bien « anéantir », car avec la brutalité d'une telle politique de ressources humaines, le personnel sera complètement démotivé et une bonne partie de la culture d'entreprise sera détruite.

L'entreprise pour famille

Nous ne devons jamais oublier que de plus en plus de personnes considèrent l'entreprise dans laquelle ils travaillent quotidiennement comme une sorte de foyer. Et tout d'un coup, après trente années de labeur au sein de l'entreprise, ils reçoivent une lettre dans laquelle on leur dit : « Nous n'avons plus besoin de toi » ou « Nous ne pouvons plus t'employer ». Une telle situation a deux conséquences dramatiques : tout d'abord, le salarié va se désolidariser du chef d'entreprise car sa seule réaction sera : « Quel mépris ! J'ai consacré pratiquement toute ma vie à ce type et maintenant il me jette sans sourciller, tout ça pour qu'il puisse vivre bien ou vivre mieux encore. » Ensuite, très vite, plus personne ne voudra s'engager pour l'entreprise car tous redouteront également d'être un jour ou l'autre les prochaines victimes. La forte baisse de moral inévitable parmi les salariés se traduira rapidement par un manque d'enthousiasme dans l'entreprise et pour l'entreprise. On entre alors dans un cercle vicieux.

Que vous le croyiez ou non, j'ai encore été confronté ce matin même avec un tel problème. Depuis bientôt vingt ans, nous avons un centre de design pour l'une de nos marques. Des responsables de cette marque sont venus me trouver et ont essayé tout à coup de m'expliquer que nous n'avions plus besoin des collaborateurs de ce centre de design. Ils jugeaient préférable d'agrandir l'un de nos autres bureaux de design et de fermer celui-ci. Une telle opération permettrait d'économiser 1,7 million de francs suisses. J'ai été tout de suite quelque peu sceptique et leur ai demandé ce qui allait advenir du personnel qui travaillait pour nous depuis pratiquement deux décennies déjà. La réponse a été sans émotion aucune. Ces gens trouveraient sûrement un autre job. J'ai alors expliqué que nous voyions les choses très différemment. Ces gens, dès le début, s'étaient donné corps et âme à notre entreprise et ils se sentaient en toute légitimité membres de la famille du Swatch Group. Et voilà que nous arriverions sans crier gare en leur disant : « À propos, c'était très bien. Vous avez fait du bon boulot pendant dix-neuf ans. La concurrence a plusieurs fois essayé de vous débaucher mais vous êtes restés fidèles au Swatch Group. Vous avez parfois travaillé jour et nuit pour nous. Mais voyez-vous, aujourd'hui, nous n'avons plus besoin de vous. Nous ne doutons pas que vous trouverez très vite un nouveau job ailleurs. Ce ne sera sûrement pas un problème car vous êtes doués et compétents ! » Eh bien, non messieurs, ce n'est pas comme cela que nous procédons dans le Swatch Group. Quelques-uns de mes collaborateurs ont hoché la tête en pensant intérieurement qu'ils auraient bien économisé le 1,7 million de francs suisses. Au final, nous avons trouvé une autre issue qui nous permet d'économiser au moins un million de francs sans devoir licencier.

Je vous raconte toutes ces histoires pour que vous compreniez qu'il règne un autre état d'esprit au sein de notre Groupe. Chez nous, les collaborateurs peuvent avoir une triple confiance dans leurs dirigeants : premièrement, nous ne manquons pas à la parole donnée, deuxièmement, nous ne mettons personne à la porte sans avoir préalablement recherché d'autres moyens pour réduire nos coûts, et troisièmement, cette compagnie est correctement pilotée. Nos salariés sentent bien qu'ils ont pris place dans un avion où les pilotes ont non seulement la compétence mais savent aussi où ils veulent aller. Ils sont également conscients du fait que les pilotes sont intègres et qu'ils ne feront jamais de compromis fâcheux dans le seul but de gagner davantage d'argent. Et, voyez-vous, malgré tout cela, qu'est-ce qui arrive : eh bien, nous gagnons plus d'argent que d'autres tout en restant crédibles pour nos salariés. Prenons l'exemple des quartz dont l'armée américaine a besoin pour équiper les missiles qu'elle utilise dans la guerre en Irak. J'ai eu droit de tous côtés à un cirque pas possible avec cette affaire. Nous aurions pu gagner énormément d'argent avec le chiffre d'affaires que nous auraient rapporté ces quartz. Mais non, nous avons, dès que nous avons pu, mis un terme au contrat que nous avions avec la société américaine. Pour moi et mes collaborateurs, cela n'avait aucune importance. Ce qui est sûr en revanche, c'est que grâce à cela nous avons augmenté notre chiffre d'affaires car beaucoup de gens se disent : « Voilà une entreprise qui mérite que nous achetions ses montres », sans parler de la fierté de notre personnel.

Des missiles pour la guerre en Irak

Vous parlez de l'histoire des quartz destinés aux missiles américains utilisés durant la guerre en Irak ?

Oui. Souvenez-vous de toute la discussion autour du bien-fondé ou non de la guerre en Irak, il y a bientôt deux ans. Tout à coup, un beau jour, monsieur Bush déclara la guerre aux Irakiens. Notre Conseil fédéral a aussitôt rappelé que nous sommes un pays neutre et décrété un embargo sur toutes les livraisons d'armes destinées à l'un ou l'autre des protagonistes impliqués dans ce conflit, qu'il soit ami ou ennemi. Lorsqu'on a découvert peu après qu'une société étatique à Berne avait malgré tout livré des pièces pour la construction d'avions de combat aux États-Unis, le procureur général, à l'initiative du parti socialiste suisse, a ordonné une enquête. Il y eut à Berne une manifestation de jeunes qui ont même incendié des camions sur le site de la société en question. Cela provoqua un énorme conflit. Un porte-parole de la société incriminée se défendit en arguant que l'autorisation de livraison du secrétariat d'État à l'Économie (Seco) aurait été délivrée longtemps avant que la guerre ait éclaté. On lui demanda alors s'il n'avait pas entendu parler de l'embargo qui avait été décrété. Oui, bien sûr, il était au courant, mais il n'avait pas reçu de courrier officiel du Conseil fédéral lui signifiant le retrait de son autorisation. « Quelle hypocrisie », avons-nous tous pensé en l'entendant prononcer de tels propos.

Sensiblement à la même époque, j'avais été informé par des membres de notre direction que Micro Crystal, une société qui produit les quartz pour nos montres électroniques, était confrontée à une problématique similaire. Dans cette entreprise, nous fabriquons des millions de pièces que nous utilisons pour nos montres électroniques, mais également des pièces pour les téléphones portables que nous livrons à des clients extérieurs. Ce que je ne savais pas jusqu'alors, c'est que nous vendions des quartz à une société américaine qui les utilisait pour les systèmes de pilotage des missiles intelligents Smart. Ce qui signifie que les dénommés « Cruise Missiles » qui peuvent atteindre avec une grande précision leur cible étaient partiellement pilotés par nos quartz. Le responsable de Micro Crystal, qui me connaît particulièrement bien, m'a immédiatement demandé ce qu'il devait faire. Il était en possession d'une autorisation pour la livraison de ces quartz, mais cette autorisation datait de trois semaines avant le début de la guerre. Sans hésiter un seul instant, je lui ai répondu qu'il ne devait en aucun cas livrer ces quartz car ce serait illégal. J'étais aussi fort dépité de n'avoir pas su cela auparavant car je ne veux en aucun cas être producteur d'armes.

Nous avons donc immédiatement averti le Seco que nous n'étions pas disposés à poursuivre la livraison des quartz. Notre décision a dû être communiquée sans délai aux Américains, car nous avons su très vite que cela avait provoqué un tollé au Pentagone comme à l'ambassade américaine à Berne. Le Seco a manifestement dû recevoir de fortes pressions car nous avons reçu de diverses sources des recommandations de procéder aux livraisons. C'est devenu un drame. Lorsque la presse américaine a eu vent de la chose, la température a encore monté d'un cran. La Suisse devenait carrément en partie soi-disant responsable de la mort de soldats américains en Irak. Bien sûr, tout cela était complètement faux. Les Américains avaient de toute manière en stock de telles quantités de missiles opérationnels qu'ils étaient pourvus pour au moins trois années de guerre. Malgré tout, un député américain proposa au Congrès un projet de loi qui exigeait que dorénavant toutes les armes stratégiques soient produites exclusivement aux États-Unis et plus à l'étranger.

Les médias américains firent également pression sur l'ambassadeur suisse à Washington, un diplomate courageux et compétent. Ils voulaient savoir pourquoi notre pays laissait soudainement tomber l'Amérique. L'ambassadeur répondit que ce n'était pas une décision du gouvernement suisse qui avait bien donné l'autorisation d'exportation, mais une décision personnelle de monsieur Nicolas G. Hayek. Celui-ci ne cautionnait pas les guerres et ne voulait donc pas livrer. Dès qu'ils ont entendu le nom Hayek, les médias américains se sont précipités sur nous. Notre attachée de presse Beatrice Howald est presque tombée malade à cause des innombrables appels téléphoniques des journalistes américains. J'ai alors décidé de leur parler moi-même. Le premier me demanda d'emblée pourquoi nous n'honorions pas nos commandes. Je lui ai expliqué que la Suisse n'était pas une république bananière mais un État neutre. Sur quoi il me reprocha d'être surtout neutre vis-à-vis des « méchants ». Je lui expliquai de nouveau comment fonctionnait notre neutralité et combien les Suisses y étaient attachés. Le journaliste en eut une interprétation toute personnelle et écrivit dans un journal de Chicago que les Suisses étaient des gens stupides car leur neutralité était dirigée non seulement contre les « méchants » mais aussi contre les « bons ».

Une nervosité extrême était partout palpable. Le Pentagone avait apparemment intérêt à ce que l'affaire se termine sans trop de bruit. L'industrie de l'armement était dans le même état d'esprit. Une industrie, au dire de beaucoup, où la pratique des pots-de-vin est souvent monnaie courante. Il va sans dire que le projet de loi voulant limiter aux États-Unis la production des armes américaines stratégiques en rendait quelques-uns particulièrement nerveux. Cela n'arrangeait ni le gouvernement américain ni l'industrie de l'armement européenne. Ce qui explique pourquoi le Congrès américain a finalement passé tout le dossier à la trappe. Au début de cette affaire, j'avais écrit une lettre au conseiller fédéral (ministre suisse) Joseph Deiss. Il n'était alors pas uniquement le chef de la Seco, qui nous avait donné l'autorisation d'exportation, mais aussi le Président du Conseil fédéral (Président de la Confédération helvétique). J'avais adressé une seconde lettre à la conseillère fédérale chargée du ministère des Affaires étrangères Micheline Calmy-Rey qui, peu de temps auparavant, avait organisé à Genève une grande mais vaine conférence pour la paix en Irak. Mon propos central dans ces deux lettres était une demande de clarification sans ambiguïté pour savoir si nous devions livrer ces quartz aux Américains ou non.

Peu après, je reçus un appel du Président du Conseil fédéral, Joseph Deiss, qui me demanda si je souhaitais livrer ou si je n'y étais pas disposé. Je lui répondis à peu près ceci : « Monsieur Deiss, vous êtes conseiller fédéral de ce pays. Vous portez la responsabilité de notre destinée à tous. Moi, en revanche, je ne suis qu'un simple citoyen de ce pays. Tous deux, nous partageons et défendons les mêmes valeurs qui font notre nation. Alors vous comprendrez que la question n'est pas de savoir si j'ai envie de livrer ou non, mais qu'il s'agit de la crédibilité de notre pays. Peu importe que je veuille ou pas. J'ai un contrat avec les Américains et s'il n'existe aucun intérêt supérieur lié à la neutralité de notre pays, eh bien je livre le matériel. Mais il y a une chose qui est sûre : tant que le gouvernement suisse ne m'aura pas notifié par écrit que je dois le faire, je ne livrerai pas. »

Une partie de la presse allemande et suisse commença aussi – mais de manière plutôt timide et retenue – à parler de cette délicate et difficile affaire. Après quelques jours assez durs et pénibles, nous reçûmes enfin les lettres de réponse du conseiller fédéral Joseph Deiss et de la conseillère fédérale Micheline Calmy-Rey. Tous deux insistaient sur le fait que les experts au sein des autorités compétentes étaient d'avis que ces quartz étaient destinés uniquement à des fins civiles et que leur utilisation à d'autres fins par les Américains était exclue. Ils me demandaient donc de débloquer la livraison. C'est ce que nous avons alors fait mais, dans la même semaine, j'ai rompu le contrat avec la société américaine, ce que permettaient les conditions contractuelles. Toute cette affaire m'a rendu encore plus sceptique vis-à-vis de notre ordre mondial. « La raison du plus fort est toujours la meilleure », a si bien dit La Fontaine.

Un des hommes les plus indépendants de Suisse

Peut-on agir avec autant de détermination seulement si on a une certaine force ?

Votre question est tout à fait justifiée. Je ne sais pas comment je réagirais si notre Groupe était au bord de la faillite, si mes enfants n'avaient pas de quoi se nourrir convenablement depuis deux semaines et qu'autour de moi régnaient seulement la faim, la peste et des catastrophes, ou si j'avais la responsabilité de l'avenir de tout un pays. Mais dans la plupart des autres cas, je peux vraiment me permettre d'agir en toute liberté, en toute indépendance et même de provoquer de temps en temps, voire sans relâche si nécessaire. Et cela je le dois avant tout à quatre choses. La première est que je me trouve dans la position qui est aujourd'hui mienne depuis pratiquement un demi-siècle. Depuis les années soixante, j'ai disposé d'une certaine sécurité financière. Déjà en tant que conseil, je m'efforçais toujours d'agir de manière aussi libre et indépendante que possible. Je n'ai jamais réalisé d'études de complaisance qui m'auraient garanti des missions complémentaires. De plus, je suis un homme d'action. Si vous venez me trouver pour me faire une bonne suggestion, je dis immédiatement : « C'est une excellence idée ! » et j'ai déjà décroché mon téléphone et donné les instructions pour. Je mets aussitôt en œuvre ce qui a été décidé. J'ai toujours été fidèle à moi-même, mais je dois avouer que j'ai eu beaucoup de chance dans la vie. Je ne sais pas si j'aurais pu réaliser tout cela si je n'avais pas été indépendant. C'est un fait qu'objectivement je suis l'un des hommes les plus indépendants de Suisse. Je ne dépends de personne. Je n'ai pas de crainte à avoir ni devant mon assemblée générale ni devant le gouvernement. Je n'ai pas non plus à craindre d'être mis à la porte du Swatch Group ou de chez Hayek Engineering. Bien sûr, tout cela me permet d'avoir plus de courage que d'autres.

La seconde chose est que je n'ai jamais eu d'ambition politique. Je n'use pas de mon nom ou de ma popularité pour gagner en puissance. Pour moi, c'est au contraire une libération de pouvoir me satisfaire de la situation dans laquelle je me trouve aujourd'hui. La troisième chose, c'est que je jouis du respect des gens avec lesquels je travaille. Et enfin la quatrième chose, j'ai toujours détesté les affaires malhonnêtes ou les magouilles. Vous ne pouvez pas savoir combien cela me répugne lorsque quelqu'un veut me proposer quelque chose de tordu. Mes employés le savent d'ailleurs parfaitement. Et j'insiste toujours sur le fait que je souhaite que chacun reprenne gaiement le travail avec le sourire le lundi matin en se disant : « Encore une belle semaine en perspective. » Je tiens beaucoup à ce que le climat de travail soit agréable et qu'il règne une bonne atmosphère dans les relations humaines. Un chef qui passe son temps à compter son argent, qui n'a pas autre chose en tête que son chiffre d'affaires et son bénéfice, qui licencie selon son bon vouloir et en plus livre des armes à on ne sait qui, un tel chef empoisonne littéralement l'ambiance de travail.

Vous dites que vous aimez les êtres humains. Leur témoignez-vous aussi de l'estime et de la reconnaissance ?

C'est une bonne question. Tant que je n'aurai pas eu la preuve que vous êtes un malfaiteur de troisième classe ou un criminel, je vous aime bien. Il n'y a aucune raison pour qu'il en soit autrement. Je donne à mes collaborateurs tous les encouragements ou compliments dont ils ont besoin. Mais je n'excelle pas seulement dans l'art de louer les gens pour ce qu'ils font ; je sais tout aussi bien critiquer quelqu'un pour des faits ou insuffisances, mais sans pour autant l'attaquer en tant qu'individu. Il peut très bien arriver que je dise : « Monsieur Bartu, les six lignes que vous avez écrites ici ne sont pas exactes. Vous n'avez pas fait les recherches suffisantes et tout ceci est faux. J'aurais fait ceci ou cela autrement, et je vous explique aussi comment. » Pour aussitôt ajouter : « Mais cela m'étonne. Car récemment j'ai lu un de vos articles qui était rédigé de manière si parfaite qu'aucun grand écrivain n'aurait pu mieux faire. »

Vous voyez, je peux en même temps louer et critiquer quelqu'un devant tout le monde si les deux, compliment et critique, sont fondés. Même si je suis en opposition totale avec quelqu'un dans la journée sur une question ayant trait au travail, cela ne m'empêche pas d'aller dîner avec cette personne le soir même, de discuter et plaisanter avec elle. Je prêche toujours pour que les divergences d'opinion ayant trait à l'entreprise, qu'il s'agisse de décisions, de produits ou de quoi que ce soit d'autre, ne donnent pas lieu à des inimitiés personnelles.

Un drapeau de pirate flotte à la fenêtre du bureau de votre fils, au siège du Swatch Group à Bienne. Manifestement, il se voit dans la peau d'un rebelle comme vous vous voyez dans celle d'un provocateur. Est-ce que c'est juste ?

Mon fils Nick et moi, nous nous entendons très très bien. Mais il n'est pas une photocopie de moi, heureusement pour lui. Par bien des aspects, il est plus doué que moi. En tant que provocateur, j'essaie d'initier le changement par le biais de la provocation, de l'ironie ou de la violente critique et aussi, si nécessaire, par de l'explication logique. Mais généralement, lorsque je ne suis pas le responsable direct, je m'attends à ce que ce soient les autres qui agissent. En tant que rebelle, mon fils est vraisemblablement quelqu'un qui, comme moi, visualise les changements nécessaires mais qui, en plus, veut les réaliser lui-même. C'est peut-être ce qui nous différencie.

Il faut que vous imaginiez le statut difficile qu'avait mon fils au début et le poids qu'il portait sur ses épaules. Je n'aurais vraiment pas aimé être dans sa peau. Il s'entendait dire en permanence que son père était une légende et il devait toujours s'attendre à être comparé à Hayek Senior. À son âge, j'étais loin d'être aussi bon que lui. Lorsque j'étais plus jeune, je n'avais pas la notoriété que j'ai aujourd'hui. C'est pourquoi c'est complètement injuste de comparer un homme jeune à un homme plus âgé. Entre-temps, mon fils a relevé avec succès ce défi et il a su imprimer sa marque à l'entreprise.

Manager ou entrepreneur

Dans une interview, l'entrepreneur zurichois Branco Weiss s'est montré très dur envers vous, disant que vous n'étiez pas ce qu'on appelle un homme aimable. Selon lui, les grands entrepreneurs sont toujours des hommes qui endossent beaucoup de responsabilités et qui conduisent leurs troupes à travers le désert. Et c'est la raison pour laquelle de tels hommes ne peuvent tout simplement pas se permettre d'être aimables. Comment réagissez-vous ?

Il faut d'abord définir et mettre au clair ce que veut dire le terme « aimable ». Si monsieur Weiss entend par là que c'est être gentil en étant hypocrite ou que c'est vouloir être gentil avec tout le monde, alors ça dépasse de loin la notion d'aimable et là, il a tout à fait raison. Je ne connais pas l'hypocrisie. Mais, comme je l'ai déjà dit, parce que j'aime bien a priori les gens, je suis chaleureux avec tous. Et mes troupes me suivent, justement pour cette raison. Nous, les êtres humains, avons besoin de nous sentir aimés – nous tous, sans exception, et peut-être moi encore davantage que la plupart. Et cela, pour une raison tout autre qu'un homme politique. Pour lui, c'est une question de survie. S'il n'est pas apprécié ou s'il n'est pas aimé, le peuple ne votera pas pour lui ou ne le réélira pas. Un homme politique a besoin de voix. Pour moi, il ne s'agit pas de voix. Je n'en ai pas besoin.

Ce dont j'ai besoin, c'est d'approbation et de chaleur. Bien entendu, j'ai envie qu'on m'aime, il n'y pas de doute là-dessus, et il n'y a pas non plus de raison particulière pour cela. Que Branco Weiss ait fait de telles déclarations m'étonne toutefois, car c'est justement lui qui m'a donné un prix, le prix Branco Weiss du patronat.

Mais peut-être Branco Weiss n'a-t-il pas complètement tort. S'il mélange la fonction du manager, telle qu'il la voit, et ma fonction en tant qu'entrepreneur, alors il me positionne dans le rôle d'un général qui ne doit pas obligatoirement aimer ses hommes. Le général regrette la mort de chacun d'eux mais il ne pleure pas ces morts. Ce qui veut dire que celui qui veut devenir général doit être capable de dureté, et ce n'est pas mon cas. Je suis plutôt l'exemple type de celui qui peut diriger parce que les gens l'aiment. Sans que je le cherche, les gens dans mon entourage recherchent mon approbation. Chacun dans l'entreprise aimerait que je lui dise : « Bravo, c'est un excellent travail que tu as fait. » Car tout un chacun a besoin d'attentions et de compliments. Celui qui prétend le contraire est soit un menteur, un menteur-né, soit un ermite retranché sur son île déserte. Mais ils sont peu nombreux. Nous tous avons besoin d'énormément d'amour et nous devons l'admettre.

Quand on travaille dans le Swatch Group, on reçoit des compliments du « big boss », mais quand on est soi-même tout en haut de la hiérarchie, on n'en reçoit plus ?

Si, si. Je reçois régulièrement des compliments ou des marques d'attention de la part du public, de la presse et aussi du monde politique, en bref de partout, et aussi de nombreux pays étrangers. Si vous m'attaquiez aujourd'hui dans le *Neue Zürcher Zeitung*, vous pourriez vous attendre à des centaines de lettres outrées qui vous qualifieraient d'inculte et d'ignorant. La grande majorité des Suisses est bien disposée à mon égard. En outre, j'ai plus de chance que bien d'autres. J'ai une femme qui me connaît depuis plus de cinquante ans – cela fait déjà autant de temps que Marianne et moi nous nous connaissons ! – et qui non seulement me fait part de ses chaleureuses approbations mais en plus est elle-même convaincue dur comme fer que je suis quelqu'un d'unique et de génial. Et gare à vous si vous m'agressez devant mon épouse ! Vous n'êtes plus qu'un pauvre diable. Mais vous avez tout à fait raison en ce qui concerne l'amour et la reconnaissance. C'est une grande faiblesse de caractère chez moi d'avoir besoin plus que d'autres de reconnaissance. Peut-être cela s'explique-t-il par le fait que ma mère m'a donné tellement d'amour et de chaleur que j'ai eu besoin et recherché cette chaleur toute ma vie. Des compliments et des signes d'affection très importants pour moi, j'en reçois tout particulièrement de ceux qui travaillent avec moi : au travers de leur motivation, de leur engagement et du plaisir qu'ils y prennent. Et enfin, je ne voudrais pas oublier les membres de mon conseil d'administration et la grande majorité de nos actionnaires.

Voyez-vous un dilemme entre d'une part aimer et vouloir être aimé, et d'autre part dicter sa loi ?

Non, absolument pas. C'est la seule manière d'être authentique et d'être aimé pleinement. On ne vous aime pas si vous êtes faible, si vous êtes d'accord avec tout. On vous aime si vous avez des opinions ou des avis qui sont clairs, si vous êtes quelqu'un de juste et d'équitable ou si vous incarnez des idéaux auxquels vous restez fidèle. Vous pourriez reprendre des déclarations que j'ai faites dans la presse il y a cinquante ans et constateriez qu'aujourd'hui encore elles sont valables pour moi. Il est indéniable que, lorsqu'on a du succès au sein d'une entreprise, on jouit du respect et de la bienveillance des gens. Bien entendu, au cours de ma vie, j'ai eu des revers ou j'ai fait des erreurs d'appréciation. Mais cela n'a jamais vraiment pesé dans la balance. Prenons par exemple nos tentatives de devenir un acteur dans le domaine des télécommunications. C'est un bon exemple d'erreur d'appréciation. Nous avons au final échoué parce que nous n'avions pas de système de distribution propre et qu'on ne vend pas un téléphone fixe ou un portable chez un horloger. À vrai dire, je m'étais attendu à ce qu'une société réputée en téléphonie mobile veuille reprendre nos produits. Mais cela n'a pas été le cas, car elle craignait pour ses propres produits. Au final, ce n'est pas une erreur qui a été lourde de conséquences. Toute cette affaire n'a pas occasionné d'importants coûts. Cela a été tout simplement un accident de parcours, une déviation de la route principale, pas davantage. De telles déviations ou erreurs d'appréciation sont monnaie courante dans toutes les entreprises. Elles font partie du quotidien de chaque entrepreneur.

Il y a quelques mois, vous avez reçu la Légion d'honneur. Attachez-vous une grande importance à cette décoration ?

J'en suis fier, oui. Depuis plus de vingt-cinq ans maintenant, je reçois régulièrement chaque année de nombreuses distinctions nationales et internationales. Mais la croix de la Légion d'honneur m'a particulièrement touché parce que les Français ont reconnu qu'un non-Français avait fait quelque chose pour l'Europe et pour la France. Je ne suis pas un lobbyiste. C'est quelque chose que je déteste et que je méprise. Ce qui veut dire que je n'ai pas demandé cette haute distinction française, pas plus d'ailleurs que la distinction de l'État autrichien, la citoyenneté d'honneur de la ville de Bienne ou toutes les autres distinctions que les universités, par exemple, m'ont décernées. Mais cette distinction a d'autant plus de valeur pour moi que ma nomination a été proposée par des gens que je ne connaissais pas personnellement. La proposition serait venue de l'ambassade de France à Berne. L'ambassadeur m'avait rendu visite et, pendant le déjeuner, il m'avait fait la liste de tout ce que j'avais fait pour l'Europe et la France, sans faire allusion à son intention de me proposer pour la Légion d'honneur. Lorsque l'ambassadeur soumit cette proposition au Premier ministre Jean-Pierre Raffarin et au Président Jacques Chirac, qui tous deux me connaissent, ce dernier aurait répondu : « Comment ? Il n'a pas encore la Légion d'honneur ? » Et je fus tout de suite élevé au grade d'officier.

Vous avez conservé votre caractère méditerranéen sans vous plier ni vous subordonner à notre société rigide et structurée, n'est-ce pas ? Êtes-vous dès lors resté un outsider et même un enfant terrible ?

Pourquoi cette question ? À mes yeux, les deux sociétés, qu'elles soient méditerranéennes ou non, ont fondamentalement les mêmes caractéristiques et faiblesses. Au cours de ma vie, je ne me suis jamais soumis à une société quelconque. En revanche, je suis quelqu'un qui peut très facilement s'intégrer et, pour la plupart des gens, je suis avec mes spécificités propres membre à part entière de la société suisse. Je pose sur elle un œil critique mais bienveillant, étant entouré de gens que j'aime et qui sont parfaitement intégrés en Suisse. Bien que je me considère et me sente appartenir à cette société, je ne l'ai pas toujours prise tout à fait au sérieux. Tout ce qui m'est arrivé dans la vie rentre dans ce schéma.

Par exemple, l'affaire des chars d'assaut. Cela aurait été beaucoup plus simple pour moi, dans un pays comme la Suisse où beaucoup de gens sont prêts à des compromis, de dire : « Un char d'assaut fabriqué en Allemagne coûte 3 millions de francs suisses, mais cela ne fait rien, construisons-le sous licence pour 10 ou 12 millions. » J'aurais même encaissé plusieurs millions d'honoraires, ce qui était pour moi à l'époque beaucoup d'argent. Mais non, mon foutu caractère ne m'a pas permis de faire cela. La question de l'achat de ces chars a été une histoire incroyable. La moitié de l'establishment suisse était contre moi et l'autre n'était pas ouvertement pour moi. Malgré tout, j'ai fait ce que je croyais juste et nécessaire. À l'inverse, je serais aujourd'hui, en tant que Suisse, très certainement un outsider dans une société méditerranéenne.

Prenez aussi l'exemple de la voiture. Qu'est-ce que j'allais faire dans le monde de l'automobile ? D'accord, je connaissais bien l'industrie automobile car on m'y avait confié de très nombreuses missions de conseil et j'avais construit, en tant que chef de projet, plusieurs usines automobiles. Mais pourquoi est-ce moi, justement, qui ai voulu construire une voiture écologique ? Qu'est-ce qui me pousse actuellement à envisager de créer une Association des entrepreneurs, de façon à ce que le patronat retrouve de nouveau respect et crédibilité ?

La réponse est toujours la même : je fais tout cela parce que j'ai le sentiment d'être redevable à la collectivité. La Méditerranée, le Nord, l'Est ou l'Ouest... tout ceci me paraît trop étroit. Comme je l'ai dit, je n'oublie jamais que nous sommes sur une planète minuscule nommée Terre – même si chacun d'entre nous cherche toujours à savoir pourquoi la « fourmi » qu'il est diffère des autres « fourmis ». Je ne peux pas rester assis là et simplement profiter de l'oxygène de cette terre, des autoroutes qui me permettent de conduire vite, de ma voiture qui a été construite par des gens formidables... sans apporter ma petite contribution à l'amélioration de ce monde. Et ce besoin que je ressens est réel et profond, c'est un besoin qui vient du cœur.

Un bon conseil coûte cher

En peu d'années, Nicolas G. Hayek est parvenu à devenir un consultant d'entreprises très convoité ou, pour le formuler plus exactement : un entrepreneur possédant une société de conseil. Qu'il ait été très vite connu du grand public n'est pas sans rapport avec les illustres mandants qui ont fait appel aux services de sa société Hayek Engineering AG. Parmi eux, on trouve non seulement des grands de l'économie et de l'industrie mondiales, qu'il s'agisse d'entreprises européennes, suisses ou japonaises comme par exemple Philips, Danzas, BMW, Usinor-Sacilor, Krupp, Hitachi, Gaumont, Nestlé, Renault, Brown Boveri, Gaumont, Siemens, Interbrew, GlaxoWellcome, mais aussi de nombreux institutionnels notamment suisses tels que les Chemins de fer fédéraux, la Radio et Télévision suisse, la Ville de Zurich ou les Écoles polytechniques fédérales, et également allemands et français ainsi que des organisations internationales (OCDE, UER Eurovision, Banque mondiale,...). Même le gouvernement chinois engagea Hayek dans les années soixante-dix pour son programme d'industrialisation. En 1982, la petite entreprise du début avec son unique salarié était devenue une imposante société de 350 collaborateurs qui gérait un volume de projets de planification et de construction d'investissements industriels d'envergure se chiffrant en milliards.

Nicolas G. Hayek est alors devenu un homme extrêmement riche. Cette indépendance financière lui permettait de décliner certaines propositions. Il n'a jamais accepté de mandat de *job killer* qui consiste à dissimuler les erreurs du management en recourant aux licenciements. Mais tout ceci ne s'est pas fait sans devoir affronter des résistances.

AEG : les leçons d'une expérience

Ce propos est-il juste ? Ne vous a-t-on pas reproché, chez AEG par exemple, d'être un « job killer » ?

Je n'ai jamais été un *job killer*. Bien au contraire : on a d'ailleurs évalué qu'au cours de ma vie professionnelle j'avais dû contribuer à créer quelque 350 000 emplois partout dans le monde. Bien sûr, il y a eu des missions de conseil où des fermetures d'usine et des licenciements étaient inévitables. Et il y a eu aussi des cas où, en tant que conseil, comme par exemple chez AEG, je n'ai pu imposer mes vues. AEG a été une histoire passionnante. Le président du conseil de surveillance, Hans Friderichs, était quelqu'un que je connaissais bien et qui plus tard est devenu l'un de mes amis. Il a été en son temps le plus jeune ministre du gouvernement allemand et également porte-parole du directoire de la Dresdner Bank. Malgré sa jeunesse, il avait été appelé à la présidence du conseil de surveillance d'AEG. Cette entreprise était alors, et depuis des années, en complète déconfiture et avait perdu beaucoup d'argent. Elle n'avait ni les bons produits ni les bons dirigeants ; elle était en totale perte de vitesse.

Dès son arrivée à la tête d'AEG, Hans Friderichs me prend comme conseil. Je lui soumets une analyse de la situation, dans laquelle, sans ambiguïté, j'insiste sur le fait que, pour sauver l'entreprise, il faudra nécessairement opérer de très nombreuses modifications au niveau des produits, des sites de production et de la qualité du management. Friderichs subissait une pression énorme. Vous savez comment cela se passe en Allemagne. Tous vous observent du coin de l'œil en vous demandant : Qu'est-ce que tu vas faire ? Tu fermes, tu vends ou tu laisses aller en faillite ? Cela intéressait d'ailleurs beaucoup de monde car AEG était une entreprise importante et établie depuis longtemps.

Pour commencer, Friderichs se mit en quête d'un nouveau président pour son directoire. En Allemagne, être membre de la direction générale signifie que vous êtes quelqu'un d'important. Les gens vous lèchent les bottes. Il a jeté son dévolu sur un homme jeune et sympathique, Heinz Dürr, qui avait sa propre petite entreprise à Stuttgart et qui s'était distingué à l'époque – on était en 1975 ou 1976 – pour avoir négocié avec succès avec les syndicats ouvriers. En ce temps-là, le président du conseil de surveillance de Bosch était considéré comme le parrain de l'industrie allemande et le vieux monsieur avait recommandé l'homme de Stuttgart. Personne n'en savait rien, jusqu'à sa nomination en tant que président de la direction générale par l'assemblée générale d'AEG.

C'est une histoire que je n'oublierai jamais. Friderichs m'avait demandé de rester à l'hôtel avec le candidat jusqu'à ce que l'assemblée générale aborde le point de l'ordre du jour concernant l'élection du président.

L'assemblée générale avait commencé à 18 heures. Je ne sais pas si vous avez déjà assisté à l'assemblée générale d'un grand groupe en Allemagne, mais je peux vous dire que c'est un spectacle à nul autre pareil. Il y a des actionnaires bien particuliers qui viennent avec des tonnes de questions : pas 100, pas 1 000, mais 5 000 questions. Et des questions de première importance comme par exemple : « Combien gagne votre secrétaire ? Combien dépensez-vous pour le café à l'étage de la direction ? Combien paierez-vous le gardien de nuit que vous avez engagé la semaine dernière ? » et des tas d'autres questions tout aussi significatives. La réunion traîne donc toujours en longueur. Et c'est vers une heure du matin que Heinz Dürr a pu enfin se présenter devant l'assemblée générale et être élu. Nous fîmes réellement connaissance durant cette longue attente. Mais, en fin de compte, lui non plus n'est pas arrivé à redresser la barre chez AEG. Lorsqu'il a commencé à vouloir fermer des usines et à licencier, j'ai gentiment pris mes distances et il n'avait rien contre. Je sentais bien que cet homme encore jeune ne m'aimait pas outre mesure. J'avais trop souvent dû lui dire que ce n'était pas comme cela que l'on faisait, que c'était une grave erreur et que j'aurais procédé différemment. En tant que président, il voulait bien sûr faire comme il l'entendait. Au final, AEG a dû être repris par Daimler-Benz, mais entre-temps il y avait eu de nombreuses fermetures d'usine et des licenciements en masse. Je ne me souviens pas qu'une seule fois un journal m'ait taxé de *job killer.* Cela n'a de toute manière jamais été le cas.

Le combat autour du Léopard 2

Suis-je dans le vrai lorsque je présume que votre rapport de 1984 sur l'achat des chars d'assaut Léopard 2 par la Suisse a compté parmi vos missions les plus difficiles ?

Sans aucun doute. Mais dans toute cette histoire, ce qui m'a fait le plus mal et fait pleurer, ici, à la fenêtre de mon bureau, ce furent les attaques contre ma personne. Longtemps, je n'ai pu le surmonter. J'avais pourtant simplement fait mon devoir de professionnel et mon devoir de citoyen, à 100 %. Et j'avais aussi clairement démontré, noir sur blanc, que des acteurs importants de l'industrie suisse avaient proposé à notre gouvernement et à notre pays une offre qui coûtait près de 1,5 milliard de francs suisses de trop. Ce n'était pas une simple allégation, nous pouvions le prouver. Et c'est ce que nous avons établi en toute transparence dans notre rapport. Durant cinq jours, je me suis battu comme un lion avec la commission parlementaire de la Défense au grand complet. Même les syndicats ouvriers étaient contre moi car on leur avait raconté qu'il y aurait création de 9 000 emplois. Mais on avait juste oublié de leur dire que ce n'était que pour trois à cinq ans et qu'ensuite la plupart seraient licenciés. Si nous avions pu investir cet argent autrement, peut-être aurions-nous créé 10 000 emplois durables.

Dans cette affaire, j'ai tout de même été soutenu, du moins moralement, par de nombreux très haut gradés de l'armée. Ils m'ont remercié parce que j'avais rendu véritablement un grand service à l'armée et ils ont regretté de n'avoir pas pu me soutenir ouvertement durant ce combat politique. Ce soutien est donc resté secret et seulement moral. En revanche, j'ai été soutenu très officiellement par Adolf Ogi, alors jeune conseiller national (député) et membre de la commission de la Défense. C'est lui qui m'avait proposé pour réaliser ce travail alors que nous ne nous connaissions absolument pas. *Last but not least*, Helmut Hubacher, à l'époque chef du parti socialiste suisse, m'a également soutenu. Il était aussi membre de la commission. C'était un homme assez engagé qui refusait tout compromis et il s'est complètement rallié à nos propositions. Ce qui, bien entendu, a entraîné la méfiance irréfléchie et quasi automatique des partis bourgeois de toute sensibilité. Helmut Hubacher en a d'ailleurs fait état dans plusieurs publications.

Lorsque j'ai été attaqué de la sorte au Parlement et que la presse a commenté tout cela, généralement de manière haineuse, j'ai eu vraiment très mal. L'attitude d'un rédacteur en chef influent m'a particulièrement blessé. C'était quelqu'un qui se montrait méfiant vis-à-vis des communistes et des révolutionnaires et qui a aussi manifesté la plus grande retenue à mon égard car il croyait devoir ménager et protéger les quelques grosses sociétés suisses impliquées dans ce dossier. Je me souviens encore d'une fois où j'ai été profondément bouleversé. En me rendant à Lucerne, j'entends à la radio la retransmission en direct d'un débat parlementaire passionné sur ce thème. Et là, un parlementaire a carrément dit qu'apparemment je me foutais que la Suisse soit occupée par les Russes. Et c'est pour cela que je ne voulais pas des nouveaux chars d'assaut. Bien entendu que je voulais aussi ces chars d'assaut, exactement les mêmes, mais seulement pour 70 % moins cher.

Cela a l'air d'une histoire tragique.

Non, en définitive cela ne l'a pas été et l'histoire se termina bien. Je récapitule : le Parlement m'avait mandaté pour vérifier si la construction sous licence, ici en Suisse, du char d'assaut Léopard 2 de la société allemande Krauss Maffei coûterait effectivement 20 % plus cher que l'importation directe d'Allemagne. Il y avait trois possibilités. La première était d'acheter en Allemagne, de payer et basta. La deuxième était de n'acheter aucun char d'assaut. Enfin la troisième était de dire : « O.K., si nous voulons construire le char d'assaut en Suisse, il faut mettre en place un management de projet très musclé qui contrôlera l'évolution des coûts et le respect des délais, et qui ne passera jamais une commande sans avoir préalablement obtenu des offres de la concurrence et les avoir âprement négociées. » On sait que c'est l'une des forces de la société Hayek Engineering.

Nos analyses avaient cependant déjà montré que, dans le cas d'une production sous licence normale et du fait de l'acceptation pratiquement déjà acquise des offres des sociétés suisses, il ne pouvait être question de 20 % de coûts supplémentaires. Tout le projet aurait coûté nettement plus – autour de 300 à 400 % – et aurait englouti des milliards. Une petite partie de notre industrie qui, compte tenu des contrats à la clé, avait flairé le bon filon me tomba littéralement dessus. Cela a été un cirque pas possible au Parlement. En fin de compte, c'est la solution que j'avais proposée qui a été retenue. Plus tard, le conseiller fédéral (ministre) responsable de la Défense a notifié que le responsable du projet, quelqu'un de connu, n'était pas à même de le mener à bien. Il fut remplacé par un nouveau chef de projet, solide et intègre. Après sa nomination, celui-ci vint me trouver et accepta que je le conseille. Avec nos expériences dans ce secteur – la mienne et la sienne –, il a réussi à mener le projet correctement à son terme. Quelques années plus tard, il est intervenu devant le Parlement en disant : « Vous pouvez être reconnaissants à monsieur Hayek. Il a permis à la Suisse d'économiser plusieurs centaines de millions de francs », ce qui correspondait à la vérité. Parce que j'avais eu le courage de mener ce combat en faveur de la justice, la presse m'a alors désigné comme « l'homme de l'année ». Au fond, c'est quand même l'histoire d'un succès !

Tumulte dans la maison Thurn und Taxis

C'est aussi ce que dit de vous la princesse von Thurn und Taxis. La princesse Gloria affirme même que vous lui auriez sauvé la vie, économiquement parlant, ainsi que celle de son mari aujourd'hui décédé. De quoi s'agit-il ?

Oui, c'est vrai. Lorsque je l'ai rencontrée pour la première fois, c'était encore une toute jeune femme, intelligente et sensible, avec des coiffures extravagantes. Son époux, le prince von Thurn und Taxis, un homme posé et sympathique, était richissime et possédait des terres, forêts et autres biens. Je ne sais qui lui avait mis en tête qu'il devait se faire épauler par des managers – vous savez, les fameux chameaux qui ont étudié à Harvard ! – et que ces gens pourraient lui rendre de précieux services dans la gestion de son patrimoine. Le prince, affaibli par la maladie, avait donné son accord et mis en place une petite troupe qui, sans plus attendre, se mit au travail et commença à investir partout dans le monde : une banque aux États-Unis, de l'immobilier, une usine au Brésil, un fonds en Amérique centrale et de multiples autres projets parfois douteux et fort risqués. Quelque 300 à 400 millions de D-Mark furent investis de la sorte. En même temps, on commença à attaquer l'épouse du prince : elle serait disait-on stupide, stresserait inutilement son mari malade, se rendrait à moitié dénudée aux fêtes et aux bals, et en plus elle s'afficherait avec des coiffures tout à fait bizarres – c'était la période extravagante de la princesse Gloria. Cette équipe de direction voulait aussi soustraire à la princesse et à son fils toute la fortune du prince en la gérant dans un fonds où tous deux n'auraient plus rien à dire.

Un jour, la jeune princesse lut dans un journal allemand un article détaillé à mon sujet. C'était un très bon article... mais il contenait une petite erreur « cosmétique » qui illustre bien l'inconscience avec laquelle les journalistes jouent parfois avec la réalité. En effet, j'avais eu un long entretien avec le journaliste allemand – entretien qu'il avait du reste largement retranscrit dans son papier. Lorsqu'il me soumit son texte pour validation avant publication, je constatai qu'il avait fait une erreur sur ma date de naissance. Au lieu du 19 février, il avait écrit le 29 février. Mais ce n'était pas tout : il avait extrapolé de cette date un peu particulière les choses les plus folles, comme par exemple : si j'étais si *successfull*, c'était parce que j'étais né une année bissextile et qu'ayant dû attendre à chaque fois quatre longues années pour fêter mon anniversaire, je serais devenu ambitieux et volontaire. Lorsque je lui téléphone pour lui dire que c'est vraiment n'importe quoi et que je suis né le 19 février, il me répond laconiquement qu'il ne pouvait plus faire la correction car l'article était déjà sous presse. L'article est donc paru avec ma date de naissance erronée. Ce n'était pas tragique en soi mais c'était une erreur évitable. Et comme les journalistes se copient les uns les autres, ma fausse date de naissance a longtemps circulé dans la presse allemande.

Lorsque Gloria eut fini de lire cet article, elle se dit que ce Hayek pourrait vraisemblablement convaincre son mari qu'elle n'était pas celle qu'on voulait faire croire et pas si stupide que les gestionnaires de sa fortune le prétendaient. C'est effectivement une femme réfléchie, intelligente et qui a beaucoup de profondeur. Elle m'appela donc et voulait me voir le plus tôt possible. Je la convie à me rendre visite au Swatch Group à Bienne. Elle arriva en moto et, si je me souviens bien, elle portait un casque rouge, ce qui attira bien entendu l'attention du personnel du Swatch Group. Elle me parla tout de suite de ses problèmes et me demanda de l'aider. Je lui expliquai que je ne pourrais m'engager à développer une stratégie sur son patrimoine qu'après avoir eu un échange avec son époux. Je ne savais pas, en fin de compte, si l'équipe de managers en place n'avait pas fait du bon travail. Et cela, elle ne le savait pas non plus. Étaient-ils bons ou mauvais ? elle n'en avait pas la moindre idée. Elle avait seulement l'impression qu'on essayait de les exclure, elle et son mari, de la gestion du patrimoine familial. Les managers voulaient avoir la mainmise sur le contrôle de la fortune et faire en sorte que Gloria et le prince n'aient plus leur mot à dire.

J'ai donc parlé avec le prince. Je ne suis pas allé le voir

en tant que conseil, mais en tant qu'entrepreneur et parce que sa charmante jeune épouse m'avait fait part de ses soucis. À sa demande, nous avons mené avec Hayek Engineering une étude d'investigation et nous avons constaté que l'équipe avait effectivement fait beaucoup de dégâts. Pratiquement tous les investissements réalisés étaient de troisième ordre. Il n'y avait aucun investissement d'excellence, visionnaire ou stratégique. Pourquoi, s'il vous plaît, fallait-il que le prince achète une petite banque d'investissement à Philadelphie ? Pourquoi des biens immobiliers qui restaient vides la plupart du temps ? Pourquoi des usines de production au Brésil ? Une fois tous les documents rassemblés, nous avons convoqué une réunion avec les managers. Ils commencèrent à discuter en faisant preuve d'une extrême arrogance. Mais je les ai alors confondus avec des arguments logiques et des faits précis. Nous avons tapé du poing sur la table. Le prince était présent et Gloria aussi, bien entendu. À la fin de la réunion, les managers ont dû avouer qu'ils avaient fait d'innombrables investissements complètement stupides et qu'ils avaient « allégé » la maison Thurn und Taxis de beaucoup d'argent.

Nous avons apporté les preuves position par position. Nous leur avons fait la morale – à ces hommes jeunes, beaux gosses, tirés à quatre épingles et à l'allure irréprochable. Ils étaient assis là, la tête basse, devant Gloria et le prince. Peu après, celui-ci a subi une opération et m'a appelé à son chevet. Il me dit qu'il avait une confiance absolue en moi et que s'il lui arrivait quelque chose, il souhaitait que je continue à soutenir sa famille. Mais Gloria était plus forte qu'une tigresse. Après le décès du prince, elle se révéla une véritable chef d'entreprise, avec la sagesse, le talent et le leadership nécessaires. Plus tard, nous avons réorganisé et remis en ordre toute la maison Thurn und Taxis. Nous avons vendu diverses fabriques qui travaillaient à perte et avons assaini progressivement la situation pour l'ensemble des biens. Gloria s'en est toujours souvenue. J'ai fait la même chose pour des centaines d'autres dans le monde et il n'y a jamais eu un mot de remerciement. Mais Gloria, elle, n'oublie pas et en parle toujours. Devant une telle femme, nous les hommes, nous ne pouvons que nous incliner avec respect.

Que fait-on de l'Europe ?

Tous ces exemples que vous nous donnez montrent, et vous l'avez déjà expliqué en détail, que vous avez eu et avez encore beaucoup de succès en Allemagne ; vous devez beaucoup à ce pays qui vous a offert d'énormes opportunités quand vous étiez jeune. Cela serait-il encore possible dans l'Allemagne d'aujourd'hui ? Vous accueillerait-on toujours à bras ouverts comme il y a pratiquement cinquante ans ?

Oui, sûrement. Mais je n'ai pas eu seulement du succès en Allemagne. En Suisse également. En ce moment (2004-2005), en Allemagne, on n'a pas besoin d'un Hayek. Ces dernières années, j'ai rendu visite à plusieurs reprises à beaucoup de mes amis allemands. J'ai même été convié à un dîner à la Chancellerie à Berlin par Gerhard Schröder en présence d'Otto Schily. Actuellement, les Allemands ont peur et n'ont pas confiance en l'avenir. Beaucoup d'Allemands ne veulent pas regarder la réalité en face et ne veulent même pas en parler. Aujourd'hui, il y a très peu d'hommes politiques en Allemagne qui osent dire sans ménagement à leurs compatriotes : « Attention ! Si vous voulez continuer à vivre aussi bien, à avoir deux voitures et à partir en vacances, alors il vous faudra malheureusement travailler davantage pour un salaire identique, peut-être même moindre. » C'est seulement comme cela que nous pourrons tous être gagnants. Mais si nous en faisons toujours moins, exigeons toujours davantage, et si également toute l'Europe de l'Est rejoint immédiatement l'Union européenne, cela ne peut tout simplement pas marcher.

L'Allemagne a longtemps été le moteur économique, la locomotive de l'Europe. Les Allemands gagnaient beaucoup d'argent et créaient beaucoup de richesses. Mais il y a eu deux choses qui sont arrivées. Premièrement, les Allemands sont devenus autosatisfaits, estimant qu'ils étaient « arrivés », qu'ils n'avaient donc plus besoin de travailler autant et qu'ils pouvaient s'accorder davantage de bon temps. Deuxièmement, après avoir perdu la guerre, ils ont endossé une culpabilité telle qu'ils pensent devoir payer pour cela durant les deux cents prochaines années en venant en aide à tout le monde. Alors, ils ont partagé leurs richesses tout d'abord avec leurs frères d'Allemagne de l'Est, ce qui est légitime, puis, au travers de la politique agricole commune, également avec la France, le Portugal, l'Espagne et l'Irlande. Ce qui a permis à l'Irlande de connaître un développement très positif, à l'Espagne de faire un grand bond en avant et au Portugal de progresser considérablement. La Grèce aussi en profite. Maintenant viennent s'ajouter les Roumains, les Tchèques, les Polonais et bientôt aussi les Turcs. J'ai été plusieurs fois sollicité, entre autres par Helmut Kohl, pour plaider en faveur de l'entrée de la Suisse dans l'Union européenne. Bien entendu, je suis un Européen et j'en suis même arrivé aujourd'hui à pouvoir dire que nous, les Suisses, nous appartenons sans discussion à l'Europe. Mais je dois avouer qu'il me manque encore la conviction profonde, l'irrépressible vision. C'est la raison pour laquelle je retournais la question à Helmut Kohl : pourquoi insistaient-ils tous sur le fait que la si petite Suisse était importante pour l'Europe ? « Parce que vous êtes un pays riche, qui a beaucoup d'argent, et qu'elle a besoin de votre argent ! » me répondit-il. « Ce n'est sûrement pas la raison qui nous poussera à adhérer à l'Union européenne », lui ai-je rétorqué.

Je suis moi-même un Européen convaincu, mais j'ai des doutes énormes concernant la situation actuelle de l'Europe. À quoi aspirons-nous en Europe ? Cette question, je l'ai maintes fois posée à mes amis de la Commission européenne. Est-ce que nous voulons faire les États-Unis d'Europe ? Avec un président, une constitution, une monnaie, une banque nationale, comme nous avons commencé à le faire avec l'euro ? Ou voulons-nous faire une Europe des nations ? Personne aujourd'hui ne sait où nous allons. Personne ne sait et personne ne veut en parler. Tous les hommes politiques avec qui j'ai abordé cette question ont répondu que l'Union était une bonne chose et une chose importante car grâce à elle il n'y avait plus de guerre en Europe, ou plutôt dans l'Union européenne. C'est vrai. Mais si c'est le but unique et véritable de l'Europe, pourquoi alors avons-nous besoin de l'euro ? Et pourquoi les hommes politiques européens promettent-ils depuis des années à leurs compatriotes que l'Union européenne va contribuer à la croissance et au bien-être et augmenter la qualité de vie des gens ? Ne serait-ce pas plutôt le contraire qui est vrai ?

Nous avons en Europe des pays qui ont tous plus ou moins la même culture, la même origine, le même mode de vie. Maintenant nous disons, par exemple, que la Turquie en fait aussi partie. Mais si l'Union européenne admet la Turquie, l'Europe s'étend toujours plus loin, vers le Moyen-Orient, aux frontières de l'Irak, de l'Iran et de la Syrie. De l'autre côté de la Méditerranée et bien plus proches que la Turquie, il y a des pays comme l'Algérie, le Maroc et la Tunisie qui souhaiteraient également faire partie de l'Europe. Si nous continuons ainsi, il y aura au final une grande partie du monde dans l'Union européenne. L'Europe deviendra alors une immense superficie avec une population de

500 millions et, qui sait, peut-être plus tard de près d'un milliard d'habitants. Si nous pouvons faire en sorte que la démocratie, la liberté, les droits de l'homme et bien sûr la paix y aient droit de cité, alors c'est vraiment très bien. L'Europe serait un exemple de puissance mondiale qui pourrait servir de modèle à notre planète. Ce serait absolument formidable !

Dans cette logique, nous pourrions aussi imaginer que, pour une fois, sur notre planète, toutes les nations du monde comme les États-Unis, la Russie, la Chine, l'Inde, les États d'Amérique du Sud et d'Afrique, l'Australie, le Japon, les pays arabes et – au point où nous en sommes – peut-être même la Suisse, cohabiteraient pacifiquement avec l'Union européenne. Nous pourrions créer un modèle mondial avec une douzaine de grandes nations, grâce auquel il serait possible d'éliminer toutes les plaies et tous les problèmes tels que la guerre, la pauvreté, les épidémies et la faim. Oh ! ce serait bien ! L'Europe aurait alors sans aucun doute davantage de poids et d'unité que lors des discussions autour de la guerre en Irak. Et l'Europe, bien entendu, se voudrait une superpuissance civile et non une superpuissance militaire !

Vous avez fêté votre plus grand succès, en tant que consultant, avec l'industrie horlogère suisse. À la fin des années soixante-dix, celle-ci était complètement terrassée. Vous avez été mandaté pour réaliser une analyse approfondie de cette importante branche de l'économie. Beaucoup de choses étaient sens dessus dessous lorsque vous avez commencé. Pourtant, vous vous êtes montré confiant très rapidement. Comment pouvez-vous expliquer cela ?

De fait, lorsque je suis arrivé dans l'industrie horlogère, j'ai trouvé une situation particulièrement difficile et complexe. Il y avait partout du désespoir et de l'impuissance. L'opinion la plus largement répandue était que la Suisse, dans le secteur horloger, ne pouvait plus se défendre contre la concurrence japonaise, qu'il fallait fermer la plupart des usines et licencier des milliers de salariés. Ce processus était d'ailleurs engagé. De nombreuses usines n'existaient déjà plus lorsque j'ai commencé à intervenir dans ce secteur. La plupart des banques – j'ai les procès-verbaux qui en témoignent – avaient aussi renoncé. Tous les patrons du secteur horloger se lamentaient : la Suisse était trop chère. Une secrétaire multilingue à Bienne coûtait davantage qu'un directeur technique au Japon. Dans de telles conditions, nous n'étions plus du tout en mesure de pouvoir concurrencer les Japonais. Il fallait fermer toutes les usines les unes après les autres. Chez ASUAG (Allgemeine Schweizerische Uhrenindustrie AG) et chez SSIH (Société Suisse de l'Industrie Horlogère), pas moins de 12 000 salariés étaient concernés. En d'autres termes, on disait : on ferme et on met à la rue 12 000 personnes. De toute manière, les autres sociétés horlogères feraient tôt ou tard la même chose. À l'époque, ASUAG était déjà fournisseur de la quasi-totalité des composants pour l'industrie horlogère classique. Donc, une fois les grands groupes disparus, il n'y avait plus aucun espoir pour les nombreuses petites voire très petites sociétés horlogères. C'est la raison pour laquelle nous parlons toujours de « l'industrie horlogère » lorsque nous parlons des deux sociétés ASUAG et SSIH.

L'heure a sonné

Mais au tout dernier moment, un responsable de la direction générale d'une des banques impliquées, Peter Gross, a tiré le signal d'alarme : « On ne peut quand même pas tout détruire comme cela. Avant, il faut au moins qu'un expert, un professionnel compétent et crédible, vérifie si on ne peut pas sauver quelque chose, si ces deux groupes à l'agonie ne peuvent pas survivre sous une forme ou une autre. Faisons appel à Hayek. On peut compter sur lui. » Et c'est ainsi que j'ai été sollicité.

Cette étude avait-elle pour but de fournir un alibi aux banques et d'entériner les fermetures prévues ?

On ne me l'a pas dit aussi ouvertement. Pour deux banquiers au moins, Peter Gross et Walter Frehner, ce n'était vraiment pas le cas. J'avais dû alors en grand secret me rendre un soir dans un restaurant du Jura pour négocier avec de hauts responsables des banques. Ils me laissèrent entendre qu'ils avaient besoin sous trois mois d'un rapport qui devrait contenir une appréciation de la situation et des possibilités de SSIH d'abord, de ASUAG ensuite, ainsi que de leurs chances de survie. Beaucoup de ceux qui étaient là étaient bouleversés. D'une part, à cause des pertes colossales enregistrées et, d'autre part, à cause de l'absence totale de pugnacité des managers horlogers qui n'arrêtaient pas d'évoquer la différence des salaires entre la Suisse et le Japon pour justifier tout ce fiasco. Selon eux – comme cela avait été le cas dans d'autres branches industrielles en Europe –, nous non plus ne pourrions lutter contre les Japonais. J'ai accepté la mission et les banques m'ont accordé le droit, une fois mon rapport terminé, de m'adresser par voie de presse, radio et télévision à l'opinion publique suisse pour l'informer sur la réalité de l'industrie horlogère. Cette concession était pour moi de première importance et je m'en suis aussi servi.

En effet, j'avais vécu à Hanovre une expérience avec un malfrat qui avait repris une société très réputée. Je lui avais fait un rapport contenant de multiples recommandations pour pouvoir éventuellement sauver l'entreprise. Mais ce type a enterré mon rapport dans un tiroir, a affirmé ensuite que l'entreprise ne pouvait être maintenue et que la seule solution était la faillite. Et c'est ce qui arriva en moins de temps qu'il ne faut pour le dire. Lorsque, ultérieurement, on découvrit mes recommandations, c'était déjà trop tard. C'est souvent comme cela dans le métier du conseil : on ne peut que conseiller et on ne peut prendre soi-même les choses en main. On ne peut pas non plus divulguer les résultats d'une étude pour laquelle on a été mandaté car les clauses de confidentialité l'interdisent. Ce n'est guère différent du secret médical !

J'ai alors commencé mon travail à Bienne avec les équipes expérimentées d'Hayek Engineering. Et très vite, nous avons fait le constat que ni les responsables ni les médias n'avaient vu que l'industrie horlogère était un géant endormi qu'il fallait réveiller de toute urgence. À part moi et mon équipe, personne n'avait réalisé l'importance du potentiel réel qui sommeillait chez ASUAG et SSIH. Peter Gross et Walter Frehner l'espéraient et quelque part le pressentaient. Notre rapport sur ASUAG du 17 juin 1982 faisait déjà ce constat :

« Toutefois, il est clairement évident que ASUAG, malgré la situation de crise actuelle dont les raisons sont aussi bien internes qu'externes, dispose d'un potentiel considérable qui, en fin de compte, est à rattacher aux performances déjà mises en œuvre. Mentionnons à ce propos l'adaptation réussie à l'électronique, les produits de grande qualité, la maîtrise des technologies modernes, les progrès en matière de transparence des chiffres, la capacité du management intermédiaire, etc. »

Je vous ai déjà expliqué que je ne me contente jamais de simplement critiquer, ni dans des situations de crise ni vis-à-vis d'autrui. Cela n'a pas été différent pour ASUAG et SSIH. J'ai essayé d'être *fair*. D'un côté, on avait effectivement un potentiel remarquable et un savoir-faire technique considérable. De l'autre, il y avait une situation vraiment difficile au plan du management. Si vous lisez mon rapport, vous verrez que j'ai aussi critiqué très directement ce dernier point et, en particulier, la structure de direction de la société qui était d'une lourdeur incroyable. Je suis de toute manière, depuis toujours, un farouche opposant des structures d'organisation mal équilibrées. Chez ASUAG, l'organisation était proprement suicidaire. Il y avait beaucoup trop d'échelons hiérarchiques, parfois jusqu'à neuf niveaux de responsabilité. À la fin, on ne sait plus qui est responsable de quoi. Il n'y avait également pas d'unité de doctrine et très souvent on ne savait pas qui était vraiment le chef, qui dirigeait et qui avait le dernier mot. La direction générale s'occupait aussi trop peu des questions stratégiques. Tous étaient beaucoup trop affairés à se mêler du détail du quotidien opérationnel.

Cela péchait également dans les deux sociétés, mais surtout chez SSIH, au niveau du contrôle qualité qui était beaucoup trop lâche. Des produits avec des insuffisances arrivaient donc sur le marché, ce qui entraînait la déception de clients toujours plus nombreux et qui n'achetaient plus nos montres. En proie au doute, ASUAG et SSIH lançaient toujours davantage de nouveaux modèles. Pouvez-vous vous imaginer qu'autrefois chaque collection SSIH et ASUAG – il s'agissait avant tout des marques Omega, Tissot, Rado, Longines, Hamilton, Eterna et Certina – comptait des centaines de modèles différents pour chaque marque ? C'était complètement absurde, surtout que ces modèles n'avaient pas tous du succès, loin de là. 80 % du chiffre d'affaires étaient réalisés avec 15 % des modèles. Ce qui veut dire que les 85 % de modèles restants étaient superflus et ne contribuaient qu'à provoquer des coûts élevés. Voilà ce qui arrive lorsque hiérarchie et organisation deviennent une fin en soi, quand les managers consacrent davantage de temps aux structures qu'aux produits.

C'est pourquoi, depuis de nombreuses années, je n'arrête pas de marteler que la première des priorités de toute stratégie ou de toute planification est le produit, le produit et encore le produit, ainsi que son environnement, le marché – en aucun cas l'organisation. Cela, je l'ai appris au cours de ma longue activité professionnelle. Il y a encore beaucoup de gens, comme par exemple l'ancien management d'ABB, qui organisent en permanence, réorganisent et réorganisent encore – en étant à chaque fois persuadés qu'ils vont ainsi améliorer la situation. Non ! C'est une idée fausse. Avec Hayek Engineering, nous avons vécu et étudié cela chez d'innombrables clients, et aussi à l'époque chez ASUAG et SSIH. Je déteste tout ce qui ressemble à des structures d'organisation rigides. L'organisation, c'est une des choses les plus impossibles qui existent sur cette terre. Cela va à l'encontre de la nature humaine. Et si vous me dites que moi aussi je mets en place des organisations et des structures, alors je vous raconte l'histoire du kiosque à bananes.

Vous ouvrez un kiosque à bananes à l'aéroport de Zurich. Vous achetez et vendez des bananes, et vous décidez combien d'argent de la recette vous voulez déposer à la banque et combien vous voulez consacrer à l'achat de nouvelles bananes. Pour cela, vous n'avez pas besoin d'organisation mais seulement d'un peu de sens des affaires et de flair entrepreneurial. Mais, lorsque votre femme vient vous trouver en disant : « Écoute, mon chéri, toi tu t'amuses avec ton kiosque à bananes à l'aéroport et moi je m'ennuie à la maison. Alors j'aimerais aussi ouvrir un kiosque à bananes à la gare », vous devez, une fois la chose faite, mettre en place un minimum d'organisation. Il s'agit avant tout d'information – le flux d'information est ce qui est le plus important dans toute organisation – car il faut que vous vous entraidiez lorsque l'un a vendu toutes ses bananes et que l'autre en a encore en stock. Ensuite, si vos affaires marchent bien, et que vous décidez avec votre femme d'ouvrir des kiosques dans 30 000 communes et, en plus des bananes, de vendre des pommes, des oranges, du chewing-gum, des cigarettes, des journaux et autres choses (soit 35 000 produits différents), alors il vous faut – qu'on le veuille ou non – une structure d'organisation qui permette à ce système de bien fonctionner et de se développer. Car, sans organisation et aussi sans concertation avec tous les intervenants, aucun cerveau humain n'est capable de maîtriser la complexité d'un tel système.

Donc, avec des grincements de dents, il faudra mettre en place une organisation qui, idéalement, couvrira uniquement les fonctions essentielles et absolument nécessaires au bon fonctionnement de ce système. Et pas une organisation très lourde et qui veuille tout régler, comme certains professeurs d'université la développent dans leur tour d'ivoire. Ma philosophie a toujours été la suivante : toute organisation ne doit inclure que les fonctions absolument indispensables. C'est pourquoi, en 1982, j'avais placé nos travaux d'investigation chez ASUAG sous le mot d'ordre : « Chaque structure touchant les unités opérationnelles est un mal nécessaire mais ne doit pas devenir un but en soi. » Regardez, c'est écrit ici noir sur blanc.

Le Swatchmaker

Lorsque Nicolas G. Hayek a commencé à intervenir en tant que consultant pour l'industrie horlogère suisse, il ne se doutait pas que cette mission de planification stratégique allait changer le cours de sa vie. La tâche dont il fallait venir à bout s'est très vite révélée tout à fait du goût de l'industriel alors âgé de cinquante-deux ans, mais, compte tenu de la situation catastrophique de l'industrie horlogère, un happy-end était extrêmement incertain. Un article paru dans l'almanach annuel 1983 du *Schweizer Illustrierte*, que Nicolas G. Hayek a conservé, en est la parfaite illustration car il témoigne du doute qui régnait alors sur ses chances de pouvoir sauver in extremis cette industrie. En marge d'une photo pleine page du conseiller, on pouvait lire dans la rétrospective annuelle : « Le géant endormi doit être réveillé. C'est de l'industrie horlogère suisse qu'il s'agit et la phrase est de Nicolas G. Hayek qui a recommandé, en tant que conseil, la fusion des deux grands de l'horlogerie, ASUAG et SSIH. L'avenir nous dira si ses propositions d'assainissement ont vraiment réveillé le géant – le succès inattendu de la nouvelle montre bon marché Swatch donne en tout cas une raison d'espérer. »

L'industrie horlogère se trouvait effectivement, au début des années quatre-vingt, dans une situation très difficile et éminemment incertaine.

À l'époque, vous avez dû voir en tant que conseil comment la situation de SSIH et de ASUAG se détériorait pratiquement quotidiennement. N'était-ce pas totalement déprimant ?

La situation a commencé à se détériorer de manière dramatique vers le début des années quatre-vingt, lorsque les Japonais ont envahi le marché avec des montres électroniques et ont alors ruiné toute l'industrie horlogère suisse. De 1970 à 1990, le Japon s'est emparé de nombreuses industries. Et l'on pouvait être certain que les industries qui tombaient dans des mains japonaises étaient pratiquement perdues pour toujours pour la concurrence non japonaise. Ce destin menaçait également l'industrie horlogère suisse. Comment en était-on arrivé là ? Il y avait un Genevois nommé Jean Erni, un docteur en physique qui travaillait pour la société américaine Fairchild, laquelle fabriquait des circuits intégrés. Ce Jean Erni s'était demandé pourquoi ne pas associer un tel circuit intégré avec un oscillateur à quartz, qui devait osciller beaucoup plus précisément que n'importe quelle montre mécanique. Et c'est ainsi que Texas Instruments lança en 1970 les premières montres digitales sur le marché, des montres hideuses et énormes, mais électroniques. Trois ans auparavant, le Centre Électronique Horloger (CEH) à Neuchâtel avait produit la vraie première montre-bracelet analogique (à aiguilles) à quartz, la célèbre Beta-21. C'était un saut technique d'importance mais personne dans l'industrie horlogère suisse ne s'en rendit vraiment compte. De ce fait, Jean Erni n'a pas été réellement pris au sérieux lorsqu'il a essayé de convaincre les horlogers en Suisse de fabriquer des montres à quartz avec une minuscule puce, et les arguments étaient les suivants : les montres digitales électroniques n'étaient pas belles, pas poétiques, étaient tout simplement de la foutaise et le client ne voulait pas en porter.

La marche en avant du Made in Japan

Sur ce, Jean Erni se rendit au Japon et vendit ses circuits intégrés (ICs) à Seiko, Citizen et Casio qui, plus tard, les produisirent eux-mêmes. Cela ne dura pas bien longtemps, jusqu'à ce que les Japonais lancent sur le marché des montres électroniques digitales et analogiques avec le slogan : « Nos montres sont beaucoup plus précises que les montres suisses. » C'était d'ailleurs la vérité, car avec l'électronique on atteint une bien meilleure précision qu'avec un mouvement horloger mécanique. Avec ce slogan, les Japonais avaient torpillé le message de base des montres suisses (« Nos montres sont les plus précises du monde »). Ce fut un grand succès. Les consommateurs se ruaient sur ce nouvel instrument de mesure du temps et les horlogers suisses ne savaient plus comment réagir face à ce défi. Trop assoupi, trop suffisant et arrogant, le management regarda presque sans réagir l'industrie horlogère suisse perdre inexorablement, partout dans le monde, des parts de marché.

Prenons l'exemple de la montre mécanique suisse Roskop. C'était, à l'époque, pratiquement l'unique marque suisse dans le segment de base ou d'entrée de gamme. Après l'arrivée des montres à quartz japonaises, et en quelques mois seulement, la production mais aussi la vente des montres Roskop ont été complètement anéanties. Faute de commandes, le site de Bettlach de la société ASUAG où étaient produits les mouvements des montres Roskop a dû être fermé et il y eut près de 700 licenciements. Je suis très fier que nous ayons réouvert ce site quelques années plus tard pour la production de la Swatch. Roskop n'était absolument pas un cas isolé. Tous les autres segments de marché de l'industrie horlogère suisse, à quelques rares exceptions près, étaient embourbés dans de graves difficultés.

Lorsque l'industrie a été définitivement terrassée, nombreux furent les managers qui, en proie au doute, ne pensaient plus qu'à liquider. Même la marque prestigieuse Omega devait être vendue aux Japonais. Et les Japonais, à l'époque, se considéraient comme les plus forts. Ils étaient devenus le modèle à suivre pour tous les managers en Suisse. Soudain, tout un chacun aspirait à être comme eux et voulait conclure des accords avec eux. Un jour, le président américain d'un horloger japonais m'apostropha à New York : « Vous ne pouvez plus fabriquer de montres. La Suisse peut faire du fromage, mais plus de montres. Pourquoi ne nous vendez-vous pas Omega pour 400 millions de francs suisses et en plus nous vous verserons 10 francs pour chaque Omega que nous vendrons ? » Je lui ai rétorqué, indigné : « Seulement une fois que je serai mort ! » Je n'étais alors que conseil, pas encore propriétaire, mais tout de même membre du comité de pilotage.

Dans ce comité important, où étaient prises toutes les décisions significatives pour le sauvetage de l'industrie horlogère, siégeaient au début le Docteur Peter Gross, un défenseur engagé de cette industrie qui m'était d'un grand soutien dans mon action, ainsi que Walter Frehner qui défendait également ma stratégie. La première initiative de Hayek Engineering a été la suivante : nous avons pris trois montres bon marché rigoureusement identiques. Sur la première, nous avons mis « Made in Switzerland » et sur les deux autres « Made in Japan » et « Made in Hongkong ». Il s'agissait alors des trois fiefs de l'industrie horlogère et qui le sont d'ailleurs toujours aujourd'hui. Ensuite nous avons étiqueté la montre suisse avec un prix public de 107 dollars, la japonaise avec 100 dollars et la hongkongaise avec 93 dollars. Nous avons alors mis en vente ces montres chez des horlogers-bijoutiers un peu partout dans le monde et, deux mois plus tard, nous avons fait le bilan de ce qui avait été vendu.

Le résultat était renversant. En Italie, la montre suisse avait été vendue à 99,9 %. En Europe, on atteignait 85 %. En Grande-Bretagne, 72 %. À New York, la montre suisse avait atteint 63 %, à Los Angeles et San Francisco autour de 55 %. Ce n'est qu'au Japon que les résultats étaient comparativement bas avec seulement 14 % et le chiffre était encore inférieur dans de nombreux pays d'Asie, d'Amérique du Sud et d'Afrique.

Vous pouvez vraiment vous souvenir avec exactitude de ces chiffres après toutes ces années ?

J'ai relu ces documents récemment. Mais, en règle générale, je suis quelqu'un qui se souvient très longtemps des chiffres importants. En tout cas, cela voulait dire que plus de 60 % des acheteurs dans le monde avaient privilégié la montre suisse. C'était une preuve irréfutable que le problème des montres suisses ne tenait pas seulement au clivage entre les salaires Japon/Suisse mais à bien d'autres choses – notamment la question du management et d'autres facteurs tels que l'organisation de la production, le marketing, le contrôle qualité et le service après-vente. Il fallait aussi interpréter ces chiffres. Le total des coûts de main-d'œuvre pour la montre bon marché en question et produite ici, en Suisse, était de l'ordre de 7 dollars. Si nous produisions en Suisse une montre à 35 dollars, nous aurions donc des coûts de main-d'œuvre de 7 dollars correspondant à environ 20 % du total de ses coûts de fabrication. Il faut savoir qu'une telle montre se vendait 107 dollars aux États-Unis car il fallait ajouter aux coûts de production les coûts de transport, de commercialisation, de marketing ainsi que la marge du distributeur en Amérique qui multiplie le prix par deux pour pouvoir payer loyer, personnel et autres charges.

Nous en avons alors tiré la conclusion suivante : même si la Suisse répercute l'intégralité des coûts de main-d'œuvre sur le prix de la montre et si les Japonais n'ont aucun coût de main-d'œuvre – ce qui bien entendu n'est pas le cas –, nous pouvons continuer à vendre nos montres à plus de la moitié de la population mondiale. À condition toutefois que le produit soit beau et de qualité. Cela a été pour moi un résultat très important. J'étais, en effet, convaincu dur comme fer que l'industrie horlogère suisse pouvait redevenir le numéro un mondial. C'est ce que j'ai annoncé au conseil d'administration en expliquant que la montre Swatch serait notre première réponse au défi japonais. La plupart des banquiers présents m'ont regardé complètement interloqués et incrédules.

« *Delirium tremens* »

Laissez-moi expliquer d'où est venue l'idée de la Swatch et comment elle s'est développée. Il y avait depuis des années une compétition entre la Suisse et le Japon pour savoir qui développerait la meilleure technique horlogère et qui fabriquerait la montre la plus plate du monde. Les Japonais avaient réalisé une montre de 4,1 millimètres d'épaisseur. Un peu plus tard, une deuxième société japonaise était parvenue à fabriquer une montre de seulement 2,5 millimètres d'épaisseur. C'en était trop ; pour la première fois dans leur histoire, les Suisses ont perdu patience et se sont dit : « Puisque c'est cela, nous allons faire une montre de 1,98 millimètre d'épaisseur. » Et, de fait, des collaborateurs de la société ASUAG – sous la conduite du directeur André Beyner à Neuchâtel – réalisèrent une telle montre à quartz. Elle était en or 18 carats et fut présentée pour la première fois au public le 12 janvier 1979.

Il s'agissait du « Delirium tremens », n'est-ce pas ?

Exact. C'était le nom du projet. À vrai dire, cette montre devait s'appeler « Très mince », mais quelqu'un a eu l'idée de l'appeler « Delirium tremens » car on voulait que le projet reste totalement secret. Mais comment fait-on une montre qui mesure seulement 1,98 millimètre d'épaisseur ? Normalement, une montre a un boîtier en deux parties. On ouvre ce boîtier, on assemble le mouvement comme on le fait pour un moteur, on met le mouvement dans le boîtier, puis on referme le boîtier. Pour une montre de 1,98 millimètre d'épaisseur, les ingénieurs – et ils ont été nombreux à travailler sur le projet – se sont dit : pourquoi tout simplement ne pas fraiser et monter les pièces dans le fond intérieur du boîtier ? Avec cette méthode, ils se sont aperçus qu'ils n'avaient besoin que de 52 pièces au lieu des 150 habituellement nécessaires pour un mouvement classique. Tout à coup, on était en face d'une montre constituée uniquement de 52 pièces et qui fonctionnait parfaitement, alors que toute autre montre avec les mêmes fonctions, pas très compliquées, nécessitait au moins plus du double de pièces.

C'était une véritable percée technologique, en particulier lorsque deux ans plus tard on réussit à appliquer cette technique sur une montre en plastique – il est vrai plus épaisse mais cependant en plastique. J'ai tout de suite saisi l'importance de cette nouvelle technique : si en Suisse nous avions besoin de 52 pièces seulement pour fabriquer une montre d'excellente qualité alors que les Japonais continuaient à produire avec bien plus de 100 pièces, nous pourrions réduire nos coûts de production de moitié. C'était très important. Même si nous étions deux fois plus chers que les Japonais pour chaque composant ou pièce, nous restions concurrentiels pour chaque montre. J'ai eu, pour cette raison, une grande confiance dans la Swatch car j'avais calculé que si nous fabriquions en Suisse une montre de grande qualité avec moins de pièces ou composants que les Japonais, donc aussi avec des risques moindres de rebuts, nous disposerions alors d'une réelle chance. Il fallait saisir cette chance au bond ! J'en ai parlé avec beaucoup de conviction devant le comité de pilotage et ai mis en évidence dans mon rapport d'expertise du 14 décembre 1982 sur la société ASUAG le gros potentiel de la Swatch :

« Grâce au concept technologique mis au point dans le cadre du projet Swatch, ASUAG dispose réellement d'un nouveau produit bon marché et concurrentiel dans le secteur du quartz analogique. Swatch présente l'avantage que pratiquement aucun service après-vente n'est nécessaire. Ceci constitue une condition préliminaire pour une introduction rapide et étendue sur le marché – également par le biais de canaux de distribution non utilisés jusqu'à présent. La condition décisive pour pouvoir réussir dans ce segment d'entrée de gamme n'est pas uniquement d'avoir un produit techniquement parfait qui soit fabriqué en grandes quantités à des coûts avantageux, mais – tout aussi important – de disposer d'un concept marketing adapté et professionnel permettant de garantir les ventes de ce produit. »

À l'époque, chez ASUAG, personne ne savait vraiment quoi faire avec cette innovation. Certains voulaient vendre cette montre à un grossiste américain afin qu'il la revende là-bas. D'autres avaient commencé à faire des premiers essais de commercialisation, mais de manière non professionnelle et sans aucune stratégie. À vrai dire, le capital nécessaire ainsi que l'expérience marketing en matière de montres terminées faisaient tout simplement défaut chez ASUAG. Nous l'avons également évoqué dans notre rapport :

« Jusqu'à présent il n'a existé qu'un concept flou pour la commercialisation de la Swatch aux États-Unis et, pour ce qui concerne la manière dont elle doit être lancée en Europe, cela se limite à des discussions qui, jusqu'à présent, n'ont pas débouché sur des idées concrètes ou même des orientations formelles. Un "management produit" – responsable pour ces produits pourtant si importants – n'a pu être mis en place fin novembre 1982 (grâce aux articles parus dans la presse, un large public, par exemple en Suisse, connaît la Swatch mais personne ne peut l'acheter). Ces insuffisances sont imputables au fait que, aussi bien ETA, qui a développé le produit et qui jusqu'à présent était également responsable de sa commercialisation, que les autres sociétés du groupe ASUAG manquent cruellement de spécialistes marketing professionnels et, qui plus est, les experts marketing externes et expérimentés se laissent difficilement convaincre de travailler pour un groupe en proie à de telles difficultés. »

Personne n'en veut

Les débuts ont été difficiles. Personne ne voulait vendre la Swatch car il ne s'agissait pas d'une marque établie, elle ne semblait pas au départ très attractive et la marge sur la montre était très réduite. Je me rappelle encore très bien comment, un samedi matin, au club de tennis de Meisterschwanden où j'habite, j'ai montré avec beaucoup de fierté trois de ces nouvelles montres aux dames du club. À cette époque, j'étais encore mince et beau gosse, ou du moins je l'imaginais. Et là, j'ai eu une mauvaise surprise. Les dames me dirent apitoyées : « Mais non, pas quelque chose comme ça ! Tu es quelqu'un d'élégant et de sympathique, nous t'apprécions toutes beaucoup, mais ce n'est pas avec ça que tu veux sérieusement sauver l'industrie horlogère suisse et remettre à flot tes usines comme on l'a lu dans les journaux ? On peut acheter la même chose en provenance de Hongkong ou de n'importe où ailleurs. On peut même faire quelque chose de beaucoup plus beau. »

J'ai alors tenté de leur expliquer ce que je viens de vous expliciter. Mais cela ne les intéressait absolument pas de savoir combien de pièces ou composants il y a dans une montre. Elles ne s'étaient jamais posé la question. Ce qu'elles voulaient, c'était une jolie montre, de bonne qualité et à un prix attractif. Je leur répondis que cette montre était d'une meilleure qualité que les montres comparables, ce qui les fit rire car, me dirent-elles, c'est ce que prétendent toutes les marques quand il s'agit de leurs produits. Ce soir-là, je rentrai à la maison quelque peu attristé car j'avais pris conscience que jamais je ne pourrais convaincre le paysan japonais, le mécanicien français ou l'employé anglais d'acheter cette montre en arguant du fait qu'elle contenait moins de pièces que les autres. Au contraire. Imaginez qu'on vous dise : nous avons une super-voiture pour vous qui comporte beaucoup moins de pièces qu'une voiture habituelle. Immédiatement, vous réagiriez en vous disant qu'un tel véhicule pourrait dans certaines conditions être dangereux, qu'en cas d'accident le niveau de protection serait moindre. Peut-être même que cette voiture, lors d'une collision, pourrait tomber en morceaux parce qu'elle est constituée de peu de pièces.

Je ne me suis pas laissé décourager. Lorsque je crois à quelque chose, je n'abandonne pas facilement. Je m'étais fixé comme objectif de sauver le savoir-faire considérable de l'industrie horlogère suisse. Je me suis alors dit : « Si, plus tard, tu veux fabriquer et vendre d'autres montres, ce n'est pas le moment de renoncer. Sinon, tu n'auras plus la main-d'œuvre qualifiée nécessaire et tu n'auras pas d'autre choix que de fabriquer des montres électroniques comme les Japonais. » Cela aurait été une grave erreur, car nous nous serions privés de la possibilité de nous démarquer des Japonais. Aussi, en premier, ai-je pris la décision de positionner la Swatch sur le marché et je me suis complètement impliqué dans son lancement. Je possède encore plusieurs lettres qui attestent que, sans moi, la Swatch n'aurait pu être lancée de manière aussi convaincante, la plupart des responsables abordant ce projet avec défiance et se montrant toujours sur la réserve. Nous avions calculé que 9 millions de francs suisses seraient nécessaires pour la commercialisation de la Swatch aux États-Unis. C'était beaucoup d'argent pour une entreprise qui avait alors déjà plusieurs centaines de millions de francs de dettes. J'étais membre du comité de pilotage et celui-ci se réunit dans mon bureau à Zurich. Spontanément, je leur dis : « O.K., si vous les banquiers ne voulez pas apporter les 9 millions de francs nécessaires pour commercialiser la Swatch, eh bien c'est moi qui les mettrai sur la table, mais dans ce cas je veux percevoir un pourcentage sur le bénéfice ou sur le chiffre d'affaires ! »

Le message était très limpide pour le conseil d'administration et ils se sont dit : « Si Hayek est prêt à investir ses propres deniers dans ce projet, c'est qu'il doit tenir la route. » Ils ont alors donné leur accord pour les millions d'investissements. Vous ne pouvez imaginer la portée d'une telle décision. Nous étions en faillite et avions quelques centaines de millions de francs de dettes. Tous étaient méfiants. La presse me considérait comme un bon consultant, mais doutait de mes connaissances de l'industrie horlogère tout comme de ma capacité à provoquer un retournement de situation durable et à piloter un tel groupe. Et qu'est-ce que je fais ? Au lieu d'assainir la marque de luxe Omega qui connaissait de graves difficultés, je décide de lancer la Swatch ! Comment cela s'est-il passé ? Tout d'abord, j'ai défini un message clair et honnête. Et quel était le message de la Swatch ? Premièrement, une excellente qualité. Deuxièmement, un prix attractif et modique. Troisièmement, une provocation de notre société.

Parce que j'avais un solide réseau relationnel en Allemagne, nous avons décidé de faire connaître le message de la

Swatch là-bas et le plus vite possible. Nous avons sollicité la Commerzbank, qui était alors installée à Francfort dans le plus haut gratte-ciel d'Allemagne. Nous sommes arrivés à convaincre la banque de notre projet un peu fou de suspendre sur la façade du building une montre Swatch en plastique de 140 mètres de haut et qui, il va sans dire, fonctionnerait parfaitement. Et c'est ce que nous avons fait. Avec une simple inscription : « Swatch – Suisse – 60 DM. » Notre message était très clair. Souvenez-vous. Premièrement, excellente qualité – ce que garantissait le « made in Switzerland » ; deuxièmement, prix attractif – 60 DM pour une montre suisse, ce n'était vraiment pas cher ; troisièmement, provocation – ce qu'incarnait parfaitement cette montre en plastique accrochée sur un bâtiment énorme et très onéreux en acier, béton et verre, décoré de marbre et d'or. Outre la provocation, notre communication exprimait aussi la joie de vivre.

Le message a été compris en un clin d'œil. J'ai moi-même été étonné. En trois semaines, chaque bébé en Allemagne savait ce qu'était la Swatch. Les gens étaient amusés et appréciaient. O.K., toute cette affaire nous a coûté beaucoup d'argent. Mais cela en valait vraiment la peine. En très peu de temps, nous avions positionné la Swatch. À partir de ce moment-là, tout a marché comme sur des roulettes. Il est clair que nous avons constamment dû affronter de nouvelles embûches, mais aucune n'a pu stopper la poussée victorieuse de la Swatch.

La poussée victorieuse de la Swatch

Comment avons-nous positionné la Swatch ? C'est une longue histoire qui remonte au début de mon activité dans l'industrie horlogère. Nous avions autrefois fait la proposition de fusionner les deux sociétés ASUAG et SSIH. Il faut savoir qu'il s'agissait de deux entreprises ennemies. La SSIH s'appelait Société Suisse de l'Industrie Horlogère, pendant qu'ASUAG était la forme abrégée de Allgemeine Schweizerische Uhrenindustrie AG, c'est-à-dire pratiquement le même nom en allemand. Lorsque vous osiez parler un seul mot de français chez ASUAG, on vous envoyait paître. Mais si vous vous risquiez à parler allemand dans un couloir chez SSIH, on vous faisait comprendre que le monde des montres n'était pas pour vous. Ici, tous les responsables étaient suisses romands, là-bas tous étaient suisses allemands. Les deux entreprises ne pouvaient littéralement pas se sentir. Et les deux allaient pratiquement droit à la faillite.

Après que quelques responsables eurent envisagé de fermer les deux entreprises, j'ai proposé, de par ma fonction de conseiller, de nous concentrer sur les meilleures marques de montres des deux sociétés et de les réunir sous un seul et même toit. J'ai dit qu'il fallait pour une fois oublier la structure d'organisation et tout d'abord mettre de l'ordre dans les produits et les positionner correctement dans leur environnement. L'environnement de l'industrie horlogère est comme un gâteau d'anniversaire : la couche inférieure de ce gâteau est constituée par les montres de base avec un prix public de moins de 100 francs suisses. C'est un segment très important, les fondations du gâteau si l'on peut dire. Sur le milliard de montres-bracelets alors produites dans le monde, 950 millions relevaient de ce segment. L'industrie horlogère suisse n'y était plus qu'à peine présente. Elle ne produisait guère plus de 30 000 montres à un prix de vente de 100 francs. C'était « peanuts » et représentait à peine 0,001 % de part de marché.

Nous avons donc attaqué avec ce segment d'entrée de gamme, alors que toute la Suisse et les banques s'attendaient à ce que nous commencions par le segment du luxe. Les gens levèrent les yeux au ciel et dirent : il est fou, Hayek.

Maintenant il veut lancer la Swatch alors qu'il y a Omega. Mais chez Omega nous perdions 50 millions de francs par an. Avant que nous puissions nous occuper d'Omega, nous devions avoir une parade aux Japonais pour le segment d'entrée de gamme. Nous concentrer sur les segments haut de gamme ne nous aurait pas aidés car nous devions fournir de l'activité à 90 sites de production. Le volume des ventes nécessaires à cet effet ne pouvait pas être fourni par le segment haut de gamme et nous aurions donc dû bientôt fermer toutes les usines. C'est aussi la raison pour laquelle il y avait également des montres mécaniques parmi les montres Swatch qui ont été produites au début. Sans cela, nous aurions dû tout de suite arrêter l'activité de deux fabriques importantes, c'est-à-dire Nivarox et Comadur, qui ne produisaient rien d'autre que des ressorts et organes réglants pour montres mécaniques (pour Nivarox) ainsi que des pièces d'horlogerie en rubis et autres composants destinés aux montres mécaniques (pour Comadur). Pour maintenir ces fabriques et parce que nous n'avions pas suffisamment de commandes extérieures – même pas de Rolex, une des rares sociétés pas encore défuntes –, il a fallu que nous produisions 10 millions de montres Swatch mécaniques. Les gens nous demandaient alors avec étonnement pourquoi nous faisions cela et nous leur répondions avec un énorme mensonge de circonstance : « Parce qu'en Afrique et en Inde les gens ne savent pas comment on change une pile. » Ce n'étaient que des bêtises. Nous avons lancé une Swatch mécanique parce que nous voulions garder en Suisse le savoir-faire nécessaire pour la fabrication des montres mécaniques et que nous voulions sauver nos six fabriques spécialisées qui travaillaient dans ce domaine.

Pour ce faire, nous avions besoin d'une montre fabriquée en grande série avec un volume en termes d'unités suffisamment important. Cela n'aurait jamais été possible avec

Omega dont on vendait tout au plus 600 000 pièces par an – et à l'époque encore moins. Nous avions besoin d'un produit comme la Swatch qui pouvait se vendre à des millions d'exemplaires. C'était un risque calculé au plus juste. Vous pouvez lire cela dans mon rapport stratégique sur ASUAG du 21 octobre 1982. Il y est écrit à propos de notre stratégie d'attaque :

« La construction de ce segment d'entrée de gamme, dont font partie des produits tels que Marinium, Discount, Jupiter et Swatch, est un composant essentiel d'une stratégie d'attaque et représente une chance mais aussi quelques risques. La question de savoir si nous pouvons produire le nombre d'unités nécessaires permettant d'atteindre l'objectif de bas prix attractif tout en couvrant les coûts dépend de l'acceptation du produit par le marché. Pour pouvoir juger de la chose, il est encore trop tôt. Il faut toutefois être parfaitement conscient de l'importance de ces produits car de leur succès dépendra le maintien – ou non – à long terme des sites de fabrication encore existants en Suisse occidentale. »

Aujourd'hui, grâce à Nivarox, vous avez pratiquement le contrôle de toute l'industrie horlogère suisse.

Oui, mais cela nous le devons au courage et à la vision à long terme que nous avons eus alors en voulant maintenir en vie cette entreprise moribonde. Beaucoup de gens dans notre Groupe pourraient vous raconter comment autrefois j'ai aussi sauvé leur entreprise. On était en train de fermer Ébauches Électroniques Marin. Nous aurions pu acheter à moitié prix au Japon les circuits intégrés qui y étaient fabriqués. Je me suis démené comme personne pour conserver cette entreprise. C'était la même chose pour la société Swiss

Timing qui opérait dans le domaine du chronométrage sportif et qui devait être fermée. La direction générale et le président du conseil d'administration sont venus chez moi et m'ont dit que le chronométrage des Jeux Olympiques coûtait les yeux de la tête, qu'on avait perdu beaucoup d'argent dans cette affaire et qu'il fallait y mettre un terme. Si je les avais écoutés, nous aurions perdu tout le système de timing et le chronométrage. Parce que je suis intervenu à l'époque, Swiss Timing est aujourd'hui une magnifique entreprise au sein du Swatch Group qui fournit également l'ensemble des prestations de chronométrage de précision pour tous les Jeux Olympiques.

La stratégie du gâteau d'anniversaire

À vrai dire, nous n'avons fait que développer ce que les universitaires appellent « stratégie ». La stratégie n'est pas autre chose qu'un programme de travail et un plan de travail pour atteindre tout objectif clairement identifié et ciblé. Je prêche toujours cela auprès des jeunes : si vous développez une stratégie pour un système complexe, qu'il s'agisse d'un journal, d'un pays, d'une fabrique de montres ou d'un groupe, la première et la plus importante des priorités doit toujours être le produit et jamais l'organisation, pas un quelconque business plan mais le produit et son environnement. Pour reprendre l'image du gâteau d'anniversaire : le segment de base était constitué par la Swatch, dont nous ne connaissions toutefois pas encore le succès énorme qui lui serait réservé. Dans le segment au-dessus il y avait Tissot. Cette marque était semi-internationale. Dans le segment encore au-dessus il y avait Rado et Longines, et au sommet du gâteau il y avait Omega, seule et un peu isolée.

C'était notre situation de départ, après que SSIH et

ASUAG eurent fusionné sous le nom de ASUAG-SSIH puis de SMH (Société de Microélectronique et de l'Horlogerie). Ensuite, nous avons commencé à « trier » ces marques, aussi bien en fonction du prix qu'en fonction de l'image que les gens en avaient. Nous avons alors constaté la chose suivante : la plupart des marques souffraient tout simplement de l'absence de positionnement clair sur le marché. Lorsque j'ai débarqué ici, très peu de gens avaient un sens de la marque. Les gens qui produisaient des mouvements chez ETA étaient surtout préoccupés de vendre autant de mouvements que possible à toutes les marques de montres en Suisse et à l'étranger. C'était en effet de cette façon qu'on voulait gagner de l'argent et pas par le biais de la vente de montres terminées. Dans certains cas, comme par exemple Longines, il régnait même des conditions confuses et épouvantables. On abusait de cette très belle marque pour vendre des mouvements. J'ai présenté cela de manière imagée dans une interview pour un journal suisse en disant que Longines était en Suisse une fort jolie, jeune et innocente demoiselle de dix-huit ans, alors qu'en Corée du Sud elle était une putain édentée de quatre-vingts ans.

La fausse stratégie de Longines

Qu'est-ce que cela signifie ? Longines faisait produire et vendre une partie de ses montres dans différents pays sous licence. La seule condition qu'elle exigeait pour l'octroi de la licence était que les montres Longines produites localement soient pourvues d'un mouvement ETA en provenance de Suisse. Ainsi, par exemple, la société américaine Westinghouse a acheté une telle licence aux États-Unis par le biais d'une de ses filiales et a produit des montres Longines à Puerto Rico avec des mouvements ETA, ce qui a fait que la marque Longines s'adressait plutôt à une couche de population modeste. Cela a été bien pire en Corée du Sud. Là-bas, la société Samsung, qui de son côté produisait des montres Samsung, a également acheté une telle licence et produit des montres Longines en Corée du Sud, étant entendu qu'elles n'étaient destinées qu'au marché sud-coréen. Mais cela n'a pas empêché Samsung de faire une énorme publicité dans les pays arabes pour les montres Samsung en disant que les montres Samsung étaient fabriquées par le producteur de la célèbre Longines ou quelque chose comme cela. Des relations opaques régnaient également en Espagne, en Italie et dans d'autres pays européens où les montres Longines étaient fabriquées sous licence. Vous voyez : pour faire un chiffre d'affaires de quelques francs avec des mouvements, les super-managers d'ASUAG auraient suicidé la prestigieuse marque Longines. C'était le contraire de ce que nous avons fait plus tard.

Lorsque j'ai été confronté au problème Longines, après mon arrivée dans l'industrie horlogère, je me suis très vite rendu compte que je devais soit tuer la marque – c'est-à-dire ne plus utiliser le nom –, soit essayer de racheter et d'annuler toutes ces licences pour la production locale. Je me suis décidé pour la seconde option. Mais très vite cela s'est révélé coûter une fortune et, qui plus est, prendre beaucoup de temps avec aussi quelques procès à affronter. J'ai eu besoin de plusieurs années pour assainir cette affaire. Mais depuis que la marque Longines n'a plus de production sous licence à l'étranger, elle est devenue un des joyaux du Groupe Swatch. Au cours des quinze dernières années, le chiffre d'affaires a été multiplié par trois et le bénéfice annuel est passé de quelques millions de francs à pratiquement 100 millions de francs suisses. Cela nous a demandé beaucoup d'efforts et coûté beaucoup d'argent pour résoudre définitivement ces problèmes fâcheux et pour changer fondamentalement la mentalité du management impliqué.

L'exemple Longines illustre très bien le changement stratégique radical que nous avons opéré. La nouvelle démarche exigeait de protéger, préserver et renforcer le développement de nos marques, plus exactement de chaque marque. Les sociétés ASUAG et ETA avaient pendant trop longtemps réalisé pratiquement tout leur chiffre d'affaires et leurs maigres bénéfices avec des marques externes au Groupe – presque toutes suisses mais n'appartenant pas à leur groupe. Elles étaient totalement dépendantes de l'industrie horlogère extérieure. Ce qui veut dire : monsieur Dupont possède une marque X et achète chez moi des mouvements et pièces pour monter ensuite lui-même sa montre qu'il vend sous le nom X. Mais si monsieur Dupont n'est pas un entrepreneur très performant et qu'il fait plein d'erreurs, les montres X ne se vendront plus. C'était comme cela au début. Nous étions dépendants des autres et de marques sur lesquelles nous n'avions aucune influence. C'est la raison pour laquelle l'une de mes premières décisions stratégiques importantes a été d'abandonner cette dépendance, de renforcer nos propres marques et d'en créer aussi de nouvelles.

Comment le faire ? Nous l'avions expérimenté avec la Swatch. Et lorsque j'ai vu que cela marchait, et même très bien, avec la Swatch, j'ai organisé une immense fête au pied du Cervin. Le village de Zermatt a été fermé tout un week-end pour que nous puissions fêter la 100 millionième Swatch vendue. Bien entendu, cette énorme fête servait également à diffuser dans le monde entier le message visant à faire comprendre au maximum de gens que nous étions un producteur de marques qui avait réussi et qui voulait continuer à élargir sa gamme de marques. Ensuite je me suis occupé avec beaucoup d'assiduité et d'enthousiasme, et bien entendu avec mes collaborateurs, du segment intermédiaire et du segment luxe des montres terminées – appartenant à notre Groupe, il va sans dire !

Saviez-vous alors tout ce qu'il y avait dans la corbeille ? C'était vraiment impossible de prévoir comment cela marcherait. Je ne peux pas m'imaginer que parallèlement à Swatch, on réfléchissait déjà sur ce que Nivarox ou Comadur, Omega ou Longines signifiaient ou signifieraient pour le Groupe à l'avenir.

Si, si. Je viens de vous expliquer ma stratégie. Celle-ci était très clairement explicitée dans nos nombreux rapports. Et c'est aussi comme cela que nous avons procédé. Bien sûr, nous ne pouvions savoir que nous réussirions de la sorte. Mais j'étais intimement persuadé qu'avec cette stratégie et les mesures nécessaires d'accompagnement, non seulement nous parviendrions à repousser les Japonais mais aussi nous redeviendrions le numéro un mondial de l'industrie horlogère. Beaucoup de gens m'ont considéré plus tard comme un génie du marketing. À vrai dire, cela ne correspond pas à la vérité. Ma force a été de développer une stratégie globale d'attaque et d'avoir une vision claire puis, sans perdre un seul instant, de la mettre en œuvre rapidement et de manière très énergique avec nos équipes – donc sans longues hésitations ou longues discussions. L'ordre était d'avancer le plus vite possible et de réaliser immédiatement ce qui était prévu – même si en chemin nous avons perdu un ou deux directeurs qui freinaient ou qui hésitaient.

« Nous te vendons la boutique »

Bien entendu, je savais ce que recelait la SMH. J'avais présenté cet important potentiel aux propriétaires de l'époque, aux banques, à maintes reprises, par écrit ou oralement, dans de nombreux rapports, réunions et discussions. J'avais même exposé au grand public suisse la réalité de la situation dans maintes interviews avec les différents médias. Mais je devais manifestement être le seul patron prêt à prendre des risques et aussi le seul à croire en cette stratégie. Sinon, je n'aurais pas pris ce risque et n'aurais pas engagé ma fortune personnelle dans cette entreprise. Mais, avec du recul, je dois avouer que la dimension qu'a atteinte entre-temps cet empire n'était alors absolument pas prévisible. En fin de compte, c'est toujours une question de pondération de la vision que vous avez dans la vie. En tant que conseil ayant bien réussi, j'avais 150 ou 200 millions de francs suisses à disposition que j'aurais pu utiliser pour le sauvetage de l'industrie horlogère. Les banques me disaient déjà à l'époque : « Tu es un homme riche. Nous te vendons la boutique. » Depuis des années, elles pensaient que j'achèterais la société un jour ou l'autre. Puis est arrivé le moment où elles m'ont pressé de faire ce pas. J'étais tout à fait prêt à accepter ce défi entrepreneurial et surtout à prendre en main, seul, la concrétisation de ma propre vision, même si au plan économique ou financier je n'en avais pas besoin. Les négociations afférentes débutèrent en 1984, mais la totalité de la reprise n'a été officiellement rendue publique que douze mois plus tard.

Je suis toujours prêt à engager un tiers ou la moitié de ma fortune dans une action d'une réellement grande envergure si cela peut avoir un impact réel, massif, important et positif sur le plan du développement économique général. C'est aussi la raison pour laquelle, à l'époque, j'ai été prêt à risquer 50 à 70 millions de francs suisses. Ou bien je les perdais, ou bien je créais de nouveaux produits, je créais de nouvelles richesses et je sauvais 30 000 emplois avec tout ce que cela veut dire au plan social, et j'initiais ainsi les bases d'un grand groupe. Je trouve que, pour tout cela, c'était un prix acceptable. Personne d'autre ne voulait prendre ce risque. Une femme politique suisse importante qui me connaissait bien me dit alors ce que tout le monde pensait tout bas, que j'étais complètement stupide et que j'allais perdre toute ma fortune. Mais ce n'était pas toute ma fortune, c'était un tiers ou la moitié que je risquais, car au final j'ai quand même investi 70 millions de francs suisses dans cette société. Aujourd'hui, ils valent plusieurs milliards de francs suisses. Mais je n'avais pas spéculé là-dessus, ce n'était pas mon but. Si vous avez quelques millions de francs sur votre compte en banque, de toute manière il vous importe peu d'en avoir un jour 6 milliards ou 100 ou 200 milliards – à condition de n'avoir pas en tête uniquement le pouvoir. Ce que je n'ai pas.

Un entrepreneur doit être prêt à prendre des risques et des responsabilités. Bien entendu, je peux passer du temps dans ma maison du sud de la France, je peux m'acheter un voilier, écrire un livre ou me divertir autrement. Mais à quoi ça rime ? Je ne peux me satisfaire de l'explication que les industriels suisses ont commis de telles aberrations avec leur industrie horlogère et que cela ne me concerne nullement. Bien que je ne sois en rien responsable du désastre de l'industrie horlogère, tout ceci me préoccupe énormément. Car en tant qu'entrepreneur, j'ai un rôle à jouer dans cette société, une société que j'aime et à laquelle j'appartiens. Je ne peux pas simplement dire : « Vous êtes tous des imbéciles et je n'en ai rien à faire. » Voilà pourquoi j'ai investi les premiers 50 millions de francs et par la suite davantage encore. Et si je les avais perdus ? Je ne l'aurais pas regretté. Et c'est comme cela que ça doit être ! Je n'ai jamais non plus pleuré lorsque l'un de nos projets était un échec ou faisait un flop. Qui n'a pas peur du risque doit aussi pouvoir encaisser les échecs. C'est ce que Rudyard Kipling avait écrit.

Lorsqu'on vous écoute, on sent l'enthousiasme avec lequel vous avez abordé ces défis difficiles. Malgré tout, certains de vos anciens collaborateurs, comme Ernst Thomke, Jacques Muller et Elmar Mock, disent avoir eux-mêmes conçu et développé la Swatch. Que répondez-vous ?

Manifestement, vous êtes mal ou seulement partiellement informé. Mais c'est compréhensible – tout cela remonte à si longtemps ! Reprenons ce que vous savez sur Swatch et la découverte du concept Swatch ou ce que vous avez en partie lu dans le rapport Hayek déjà mentionné : André Beyner, vice-directeur de la société Ebauches S.A. à Fontainemelon, a inventé et développé avec ses collaborateurs (dont aucun ne s'appelait Ernst Thomke, Jacques Muller ou Elmar Mock) la montre la plus plate du monde, la dénommée « Delirium tremens », qui a constitué la base du concept Swatch. À la demande de la direction d'ASUAG – et pas de l'un ou de l'autre des collaborateurs cités –, il a été décidé de tenter un essai pour concevoir une nouvelle famille de montres à partir de ce principe. Cela ne devait pas obligatoirement être la montre la plus plate du monde, mais cela devait être une montre en plastique. Le plus important centre de développement d'ASUAG se trouvait autrefois chez ETA dont le directeur était Ernst Thomke. ETA produisait uniquement des mouvements et pratiquement pas de montres terminées.

ASUAG mit donc sur pied un groupe de travail pour ce développement qui regroupait des collaborateurs d'ETA, mais aussi de Renata, Comadur, EM-Microelectronic Marin ainsi que d'autres sociétés appartenant au Groupe. Dans ce projet, on trouvait des têtes particulièrement douées telles que le Docteur Willy Salathé, physicien, le Docteur Rudolf Dinger, physicien, Anton Bally (alors chef du département développement d'ETA), Paul Wyser, Jacques Muller et aussi

Elmar Mock, aux côtés de nombreux autres experts du secteur de l'horlogerie et de l'électronique. À la fin, chacun ou presque a revendiqué être à l'origine de la majeure partie du développement et de la réalisation de la Swatch. Vous le savez – le succès a beaucoup de pères.

La rédaction de l'hebdomadaire allemand *Der Spiegel* a voulu un jour savoir la vérité sur l'inventeur. À cet effet, j'ai donc demandé à Willy Salathé de convier toutes les personnes qui avaient travaillé sur le projet Swatch pour qu'elles rencontrent ensemble le journaliste et qu'elles puissent répondre à ses questions. Le lendemain, Willy Salathé puis le journaliste vinrent me voir et me dirent tous deux que la soirée s'était déroulée de manière assez chaotique car pratiquement chacune des personnes présentes se glorifiait d'avoir quasiment en solo développé la partie décisive de la Swatch. Le journaliste n'eut d'autre issue que de dire qu'il s'agissait d'un travail réalisé en commun.

Par ailleurs, et contrairement à vos propos, Jacques Muller n'est pas un ancien collaborateur mais il est toujours là. C'est quelqu'un qui travaille par conviction pour le Swatch Group dont il est l'un des directeurs importants. Jacques Muller mérite beaucoup de respect. Il est l'un des êtres les plus honnêtes que je connaisse. C'est aussi quelqu'un de très doué. Il était d'ailleurs impliqué à mes côtés dans les débuts de la Swatchmobil et sa planification. Depuis des années il dirige l'un de nos centres de développement.

Thomke, à l'époque, était parmi les managers des filiales d'ASUAG le plus brillant et le meilleur des présentateurs, et ce, dans les situations les plus variées. C'était un travailleur assidu, sensibilisé aux coûts. Il avait une mentalité positive et savait motiver. Il avait également une grande connaissance de la technique des mouvements courants. En un mot, c'était un manager doué. Il n'avait cependant jamais été responsable de la stratégie produits ou montres terminées et il n'était donc pas en mesure de développer une stratégie future pour le groupe ASUAG-SSIH. C'était mon rôle. Aussi bien en ma qualité de conseil dans l'étude Hayek qu'en ma qualité de P-DG des deux groupes fusionnés, j'ai développé les stratégies et concepts de base, non seulement pour Swatch mais aussi pour l'ensemble de la gamme de produits. Thomke ne croyait pas au succès de ma stratégie globale. Il ne croyait pas non plus à la montre mécanique – aujourd'hui, il a vraisemblablement changé d'avis à ce sujet. Il était absolument convaincu que, sous ma direction, le Groupe allait à la catastrophe et que tout cela se terminerait mal. En tant qu'orateur éloquent, il ne s'est pas privé de faire part de ses doutes quant à ma stratégie tant auprès de ses collègues du management que des membres du conseil d'administration. Malgré tout, il a confirmé plus tard officiellement et par écrit mon rôle absolument décisif et mon efficacité lors du lancement de la Swatch.

Nous étions alors dans une phase difficile mais une lueur d'espoir pointait à l'horizon car Swatch commençait à se développer très fortement. Nous concentrions tous nos efforts sur le Groupe et son avenir, et nous devions donc miser sur les gens qui croyaient en la victoire. Ernst Thomke n'était pas de ceux-là et il a quitté la société.

Cela fait presque seize ans maintenant qu'il n'est plus dans le Swatch Group. Durant sa période de préavis il ne faisait plus partie du cœur du management, mais il effectuait des missions secondaires pour le Groupe aux États-Unis. Il a ensuite trouvé un poste qui lui convenait et est devenu P-DG de Motor Colombus. Depuis, il a fait une carrière réussie.

Quant à Elmar Mock, en fait je ne le connais pas. Il est possible que je me sois une fois entretenu brièvement avec lui, mais je n'en ai pas vraiment le souvenir. Mock avait, semble-t-il, des différends avec Anton Bally et Ernst Thomke à propos de questions de salaire, de positionnement et autres, ce qui l'a amené à quitter ETA il y a bientôt vingt ans. Il a ensuite travaillé pour une société qui était férocement concurrente d'ETA.

À propos, en reconnaissance de leurs prestations, j'avais autrefois accordé des stock-options à tous ceux qui avaient contribué au développement de la Swatch – y compris Jacques Muller, Ernst Thomke et Elmar Mock.

Les débuts de la Swatch, avez-vous dit, ont été difficiles. Cela vaut tout particulièrement pour le marché américain. N'avez-vous pas eu peur d'aller au-devant d'un échec et de perdre votre argent ?

Au début, nous avons vécu un véritable flop. Nous avions, en tant que partenaire et importateur, un Texan. Celui-ci avait investi avec quelques autres dans une société de commercialisation américaine qui a lancé la Swatch au Texas comme n'importe quelle montre normale – donc sans accent sur le message particulier de la Swatch. Cela a été un fiasco. Ils ont vendu très peu de montres, sont allés à la faillite et ont perdu un ou deux millions de francs. Mais je dois dire que cela ne m'a pas du tout étonné. Si vous aviez parlé avec le responsable de cet échec, vous auriez su que vous ne pouviez vous attendre à autre chose. Ce n'était pas quelqu'un que j'avais moi-même engagé mais qui l'avait été par le management précédent. Lorsque je l'ai vu la première fois, je me suis tout de suite dit : « Ce type n'y arrivera pas ou alors je ne peux plus me fier à mon expérience. » Tout au plus, il présentait bien et il était très fortuné, mais pas du tout à la hauteur de la tâche à accomplir. À ce moment-là, j'étais encore consultant. Si j'avais déjà été le patron, il est clair que nous aurions procédé complètement différemment. En tout cas, nous avons décidé plus tard d'aller à New York avec nos propres équipes en provenance de Suisse, avec notre enthousiasme, et de faire les choses comme nous le sentions. Et le succès a été au rendez-vous. Nos équipes étaient particulièrement dynamiques et étaient capables de provocation vis-à-vis de la société. Cette expérience nous a vraiment fait du bien et a été très motivante.

Personne, pas même vous, n'aurait pu autrefois imaginer ce qu'est devenue la Swatch aujourd'hui ?

Non, certainement pas. Mais exclure que nous aurions beaucoup de succès, ça nous ne le voulions pas non plus. Lorsque j'étais petit garçon, j'avais dit à ma mère que je ne pouvais m'imaginer vivre sans laisser derrière moi une trace positive dans ce monde. Mais je n'avais pas envisagé de laisser une trace comme nous le faisons aujourd'hui. En même temps, je me dis qu'il ne faut jamais se reposer sur ses lauriers et que l'on pourrait peut-être faire mieux encore. Mais revenons à l'industrie horlogère. À l'époque, je savais très bien que si nous faisions du bon travail, nous pourrions atteindre quelque chose de grand et de positif avec la Swatch. Pour vous donner une idée en termes de chiffres : nous sommes partis de l'hypothèse que, dans le meilleur des cas, nous pourrions vendre 5 à 6 millions d'unités par an. En réalité, nous en avons vendu 20 à 25 millions. En revanche, que le succès soit si énorme, que les gens fassent la queue à 4 heures du matin en plein hiver pour réussir à avoir une Swatch – mon épouse Marianne et ma fille Nayla en faisaient partie –, ça, personne ne l'avait imaginé.

Votre épouse aussi ?

Oui, bien sûr. Le *Blick* (journal suisse alémanique à grand tirage) en avait fait des gorges chaudes. Un journaliste avait reconnu mon épouse dans la file d'attente. Il l'aborda et lui demanda de me tirer du lit. « Mon mari dort », a-t-elle répondu. Ce qui était la vérité. Je n'avais pas donné de montre à ma femme et à ma fille de façon à ce que tout le monde soit à la même enseigne. Elles devaient donc, comme tous les autres, faire la queue tôt le matin, et toutes deux ont accepté sans la moindre réclamation.

Plus tard, vous avez dû encore trouver des gens qui soutenaient et cofinançaient votre projet ?

Oui, j'ai dû le faire et cela a peut-être été une erreur. J'avais autrefois environ deux tiers des capitaux nécessaires pour acheter le Groupe. J'aurais pu financer le reste avec des crédits bancaires et, dans ce cas, effectivement acquérir seul toute la société. Mais ce n'est pas ma mentalité de faire des dettes. Je me suis dit que l'argent viendrait ensuite à manquer et que je devrais m'endetter. Je déteste cette idée car ensuite on est dans la dépendance. Et je ne pourrais supporter qu'arrive un petit malin envoyé par la banque qui ne connaît rien à l'entreprise, rien à l'industrie, et qu'il veuille discuter avec moi les décisions que je dois prendre. Du reste, les banques ne voulaient pas nous vendre plus de 51 %. Elles voulaient vendre les 49 % restants à la Bourse pour beaucoup plus cher, comme j'ai dû le constater par la suite.

L'investisseuse

Aussi, j'ai recherché d'autres entrepreneurs qui étaient prêts à être des investisseurs à long terme. Ils s'engageaient à ne pas vendre immédiatement leur participation même si, par exemple, le cours de nos actions augmentait de 10 %. À vrai dire, cela n'a pas posé de problème, sauf en Suisse romande où je n'ai trouvé personne qui fût prêt à jouer le jeu. En revanche, nous avons eu en Suisse alémanique beaucoup de gens intéressés, comme par exemple Stephan Schmidheiny, Peter Baumberger et aussi Esther Grether. Notre rencontre est une merveilleuse anecdote que je vous raconte volontiers. Même si je sais que madame Grether en donne une autre version.

Donc, voici ma version. Un beau jour, je reçois un appel téléphonique et la standardiste me dit qu'une madame Grether souhaite me parler. Comme il m'arrive très souvent que des tas de gens veuillent me parler de broutilles, j'ai pris l'appel mais sans m'identifier comme Nicolas Hayek. Elle m'a tout de suite demandé : « Êtes-vous Nicolas Hayek ? » Par prudence, j'ai répondu : « Non, c'est son frère. » J'ai vraiment un frère, mais il n'était pas là. Elle m'expliqua qu'elle avait suivi la carrière de mon frère et qu'elle souhaiterait investir dans son projet. J'ai alors pensé : « Ah ! C'est sûrement une gentille petite dame qui a quelques économies et qui ne veut pas risquer plus de 200 000 francs. » Je n'avais aucune idée de qui était madame Grether. Je lui ai fait comprendre qu'il s'agissait d'une affaire non sans risques et lui ai demandé combien elle comptait investir. Sa réponse : « Douze millions de francs suisses. » Je me suis dit que la dame devait avoir un revenu des plus confortables et je lui ai promis d'informer mon frère.

Immédiatement après, j'ai appelé notre directeur financier qui était toujours au courant de tout. Il m'expliqua que madame Esther Grether possédait une entreprise chimique à Bâle et que Doetsch Grether SA était une entreprise particulièrement rentable. J'ai alors rappelé cette dame en tant que Nicolas Hayek et j'ai organisé un rendez-vous avec elle à Bâle, à l'hôtel Hilton. Dès le premier entretien, elle était prête à investir les millions de francs évoqués. D'autres investisseurs ont suivi et en relativement peu de temps j'avais rassemblé le capital nécessaire. Par contre, j'ai interdit qu'on fête la conclusion de notre contrat au champagne. J'ai fait servir du bordeaux. Il faut savoir que je suis superstitieux. Mon premier mandant en Allemagne avait fêté l'inauguration de ses nouveaux investissements avec du champagne et ensuite il avait eu pas mal de déboires ! C'est la raison pour laquelle il avait dû plus tard m'engager pour remettre les choses en ordre.

Dans le Swatch Group, il n'y a pas eu beaucoup de déboires depuis, n'est-ce pas ?

C'est vrai. Il n'y a pas eu vraiment grand-chose qui ait mal tourné. Je vous donne un exemple : vous conduisez un bus de nuit sur une route de montagne très dangereuse pour arriver à temps à l'hôtel. Vous devez être très vigilant et bien entendu il peut arriver que vous rouliez un peu trop à gauche ou à droite et même que vous frôliez presque une voiture venant en sens inverse. Mais aussi longtemps que vous ne précipitez pas le bus dans le fossé et que tous les passagers arrivent sains et saufs à bon port, il n'y a pas eu de faute déterminante. Et c'est ce qui m'est arrivé aux commandes du Swatch Group : tout au long de mon parcours je n'ai pas fait de faute que l'on puisse qualifier de grave ou déterminante.

Malgré tout, je me demande si nous ne revivons pas aujourd'hui une situation similaire à celle de 1980. Sur les 1,2 milliard de montres bon marché qui sont actuellement vendues chaque année, Swatch ne représente que 10 à 15 millions. Ce qui signifie que l'industrie horlogère suisse n'a plus de nouveau que 1 % de part de marché dans ce segment. Se pose la question de savoir s'il est légitime de dire que la Swatch constitue encore un pare-feu contre la concurrence asiatique ?

Vous avez raison si l'on considère le nombre d'unités en pourcentage et bien que, dans le segment de base, nous ne produisions pas moins de montres qu'en 1989 par exemple. Mais si l'on prend le volume financier, on a pour toutes les montres vendues de par le monde une valeur d'environ 16 milliards de francs suisses départ usine. Nous autres, les Suisses, avons exporté et vendu en 2004 pour 11 ou 12 milliards. Ce qui veut dire une part de marché de près de 70 %. Mais concernant la Swatch, elle doit continuer à exister pour remplir la fonction qui lui avait été assignée au départ et qui était double : la première était de produire du volume de façon à ce que nous puissions faire tourner nos usines (autrefois 90, aujourd'hui 156) et les sauvegarder. La deuxième était qu'elle devait à la base jouer un rôle de pare-feu pour éviter que la concurrence japonaise ne continue sa progression sur ce marché. Entre-temps et depuis longtemps, la Swatch n'est plus toute seule. Sous la direction efficace d'Arlette Emch, nous avons également la nouvelle marque Calvin Klein qu'il ne faut pas sous-estimer, avec nettement plus d'un million de montres par an et dont les prix sont légèrement supérieurs à ceux de la Swatch. Cette nouvelle marque a beaucoup de succès et progresse d'année en année. Et nous avons également la marque Tissot dont on vend près de deux millions de montres par an et qui, sous la direction performante de François Thiébaud et de son équipe, se développe également très rapidement.

Autrefois, il y avait chez Swatch 5 lignes avec 20 modèles. Aujourd'hui, ce sont 200 lignes avec 400 modèles. Est-ce que l'élargissement de l'offre Swatch n'est pas aussi un problème en ce sens qu'on lance volontiers des modèles qui n'auront pas de succès ?

Oui, c'est vrai. Je suis d'accord avec vous. Mais vous avez omis quelque chose. La prochaine collection sera à nouveau nettement plus restreinte, selon le principe : *Back to the roots.* Actuellement, il n'y a pas de directeur chez Swatch et, en tant que président du conseil d'administration du Groupe Swatch, je suis encore l'un des seuls qui restent de l'équipe du début. En tant que tel, j'ai fait en sorte que la prochaine collection ne compte que quelques modèles qui, je l'espère, se vendront bien. Ce qui veut dire que nous voulons revenir au temps où le roi d'Espagne et la reine d'Angleterre ainsi que tous les gens importants portaient une Swatch au poignet. La Swatch continue comme auparavant d'occuper une position très importante.

Si, par exemple, je regarde la toute nouvelle Swatch Irony, j'ai l'impression qu'il s'agit d'une montre très classique et qui n'a plus rien à voir avec le concept initial de la Swatch. Est-ce que je me trompe ? Cette montre s'appelle-t-elle Irony parce que c'est ironique de fabriquer une Swatch si sage et si classique ?

Non. Elle s'appelle Irony parce qu'elle est en métal et non en plastique. Mais cela aussi a été un tour de force technique. C'est avec la Swatch Irony que nous sommes parvenus pour la première fois – et grâce à un procédé spécial, le MIM (*Metal Injection Moulding*) – à injecter des formes complexes en métal comme cela avait été auparavant possible avec le plastique uniquement. Dès lors la technologie MIM, nouvelle pour l'industrie horlogère, a été utilisée pour la production en grandes séries des boîtiers Swatch. Je voudrais quand même insister sur le fait que la Swatch est une bonne montre et aussi une belle parure qui n'est ni trop classique ni trop sérieuse. Bien entendu, les modèles Irony ne doivent pas être trop classiques. Nous ne permettons pas que la Swatch déroge trop à son positionnement initial. Hormis une Swatch très particulière que nous produisons chaque Noël à 4 000 exemplaires, nos prix continuent d'osciller entre 50 et 170 francs maximum. Bien entendu, il y a des marques qui évoluent et qui ensuite peuvent passer dans le segment supérieur. Je dirais même que toutes les marques y aspirent, mais toutes, loin s'en faut, ne s'y prêtent pas.

Le Blick *n'est pas le* NZZ

Cela serait la même chose si vous disiez que tous les journaux aimeraient avoir le positionnement du *NZZ* (*Neue Zürcher Zeitung*). Mais cela est impossible pour un journal comme le *Blick*, qui est positionné dans un autre segment. Même si le *Blick* débauchait les journalistes du *NZZ*, il ne pourrait jamais sous le nom de *Blick* devenir un *NZZ*. Le *Blick* est un journal qui ne veut pas seulement informer mais qui veut divertir. C'est pourquoi ce journal n'approfondit jamais les thèmes économiques ou technologiques. Son lectorat ne le demande pas non plus. Le *Blick* est en effet positionné sur un segment qui représente nettement plus de lecteurs que le segment du *NZZ*. Une marque comme Longines aimerait certainement un jour devenir comme Omega, mais elle ne le pourra pas car son message est tout à fait différent de celui d'Omega. Je le répète : il n'y a pas beaucoup de marques qui puissent se prêter à cette évolution. La Swatch est qualitativement très bien placée mais son prix est limité à 150-170 francs maximum. De ce fait, elle reste incontestablement ancrée dans le segment inférieur du gâteau d'anniversaire. Dans l'industrie horlogère, beaucoup ont une grande gueule. C'est pourquoi en Suisse romande on dit des horlogers : « Certains essaient de péter plus haut que leur cul. » Je n'ai pas inventé ce dicton vulgaire, mais je l'utilise volontiers car il correspond à la vérité. La plupart d'entre eux prétendent être les plus grands. Tous font et parlent comme s'ils étaient Breguet, Rolex, Vacheron Constantin, Omega ou même le Swatch Group.

Ce qui m'intéresse en fin de compte, c'est l'avenir et le développement de mon Groupe et de l'industrie en général. Les perspectives que nous avions développées il y a plus de deux décennies se sont révélées depuis tout à fait pertinentes. Notre équipe a élaboré des stratégies et des planifications nettement meilleures que par exemple Swissair. Son business model nous a tous nui car notre réputation dans le monde en a énormément souffert, en particulier après le *grounding* qui aurait pu et aurait dû être évité à tout prix. Étaient à l'œuvre beaucoup de gens pas très futés, incapables, pétris de pouvoir et qui en plus étaient de grandes gueules. En tant que responsables de cette entreprise si brillante autrefois, ils auraient dû agir tout autrement. Le plus gros problème de Swissair était qu'elle ne gagnait pas d'argent, bien au contraire elle en perdait, et que la concurrence était meilleur marché. Dans une telle situation – et on peut faire une comparaison avec l'industrie horlogère –, Swissair a trouvé comme seule issue de s'allier avec des compagnies aériennes meilleur marché. Parce qu'en Suisse nous sommes très chers, elle a fait des alliances avec la compagnie aérienne turque, avec Austrian Airlines, avec le belge Sabena et d'autres encore, dans lesquelles elle a investi. Le management a fait tout ce micmac, exactement comme leur conseiller leur avait suggéré. Vous vous souvenez de l'âne au conservatoire de musique de Salzbourg et du chameau à Harvard !

Chez Swatch Group, ce n'est pas comme cela que nous avons opéré. Sinon, j'aurais dû acheter des fabriques horlogères en Chine, au Japon et dans d'autres pays. Ensuite, nous aurions également produit une kyrielle de produits que nous aurions lancés sur le marché en disant aux gens : « Voilà, maintenant achetez-nous tout ça ! » Je parie que nous aussi nous serions allés à la faillite en l'espace de quelques années. Au lieu de cela, nous nous sommes dit que nous devions développer un produit vraiment formidable qui ne devait pas obligatoirement être meilleur marché que les produits concurrents mais qui ne devait pas non plus être plus cher. Plus tard, nous suivrions avec les produits plus chers. C'est ainsi que nous avons procédé en restant fidèles à notre pays. Swissair n'a pas fait cela. Au lieu de se concentrer sur le produit, c'est-à-dire d'apporter des améliorations au plan des cabines, du service, de la ponctualité, elle s'est fourvoyée dans des alliances et des structures, et a consacré beaucoup de temps et d'énergie aux aspects organisationnels. Et le produit a été délaissé. La qualité de Swissair s'est de plus en plus dégradée, les repas et la propreté de même que la ponctualité ont laissé à désirer. Il manquait tout simplement la volonté d'apporter un véritable changement et, par exemple, d'imaginer quelque chose d'innovant et de révolutionnaire à bord.

En même temps, il fallait diminuer les coûts qui étaient très élevés, le conseil d'administration et la direction générale dépensant beaucoup trop d'argent pour le superflu. Mais qu'ont fait les managers de Swissair ? Ils ont mis à la porte une bonne partie du personnel, ce qui n'est jamais une bonne chose. Ils ont ensuite cherché dans le conseil d'administration le seul qui n'avait pas approuvé sans rien dire toutes les erreurs (car il était nouveau au conseil) et ils l'ont nommé au poste de directeur général alors que, compte tenu de son expérience et de sa personnalité, il n'aurait jamais dû piloter une telle entreprise embourbée dans des difficultés aussi immenses. La gestion du risque dans des situations de catastrophe n'est vraiment pas à la portée de tous, et en tout cas pas de chaque manager.

Revenons à la Swatch. Celle-ci se révéla être une arme efficace pour l'industrie horlogère suisse, pour contrer les attaques massives des Japonais et regagner le terrain perdu. Malgré tout, lorsqu'on arrive à la gare de Bienne, en plein cœur de l'industrie horlogère suisse, il y a toujours une immense publicité de Citizen qui vous saute aux yeux. Ne trouvez-vous pas cela scandaleux ?

Non, je ne le trouve pas et je vais vous dire pourquoi. Si vous saviez que notre chiffre d'affaires – celui du Swatch Group et pas celui de toute l'industrie horlogère suisse – est plus élevé au Japon que le chiffre d'affaires cumulé en Suisse de Citizen et de Seiko, alors vous accepteriez que les marques de montres japonaises fassent de la publicité ici, chez nous. En tout cas, moi, je n'ai rien à dire contre cela ; sinon je devrais attaquer les Japonais et ce sont aujourd'hui mes meilleurs clients. Le Japon est notre quatrième meilleur acheteur rien que pour les montres Breguet. Le Japon achète chaque année près d'un million de montres Swatch et pour de nombreux millions de francs suisses en montres des marques Omega, Longines, etc. Pour toute l'industrie horlogère suisse, le Japon est devenu le numéro trois. Le maire de Bienne – un socialiste – est l'une de mes bonnes connaissances et je lui ai même personnellement conseillé d'accepter cette publicité japonaise, pour la raison suivante : nous faisons également la même chose dans le centre de Tokyo sans être importunés le moins du monde par les Japonais. Nous construisons actuellement un bâtiment dans le centre de Tokyo, appelé le Centre Nicolas G. Hayek, avec des boutiques, un service clients intégré et un espace de réception très important – et nous sommes très bien accueillis là-bas. Notre chiffre d'affaires au Japon dépasse de très loin celui de Citizen en Suisse.

C'est une réponse formidable, « se non è vero, è ben trovato ».

C'est la vérité. Si je faisais cela à Bienne ou à Granges, le résultat serait qu'on dirait au Japon : « Regarde, c'est le même Hayek que celui qui ne nous laisse pas d'oxygène en

Suisse. » Comprenez qu'il ne faut jamais montrer que vous êtes le vainqueur et qu'il ne faut jamais se montrer trop dur avec les vaincus.

Permettez-moi encore une remarque : vous avez plaidé pour la magnanimité. Pourtant, lorsqu'au début des années quatre-vingt-dix vous avez fait la grande fête pour la 100 millionième Swatch, ni Ernst Thomke, ni Elmar Mock, ni Jacques Muller n'ont été invités. Est-ce que cela n'était pas un peu mesquin de votre part de ne pas inviter ces gens qui ont été d'importance pour le développement de la Swatch ?

Là aussi, vos informations sont complètement erronées. L'état d'esprit qui pointe derrière votre question, je le trouve à proprement parler déprimant. À l'époque, il ne s'agissait pas d'une guerre menée contre les trois personnes que vous mentionnez – mais contre les fabricants horlogers japonais. Il n'y avait donc ni gagnants ni perdants dans la question Swatch. Tout le groupe de travail qui avait été impliqué dans le projet Swatch a été invité cordialement à Zermatt et Jacques Muller y était, bien entendu. Il m'a confirmé à plusieurs reprises que cela avait été une fête magnifique.

Thomke était aussi sur la liste des invités. Le comité d'organisation a toutefois trouvé qu'il allait se sentir provoqué, peut-être même raillé et ridiculisé par une fête aussi grandiose, ayant déclaré partout, en public et en interne, qu'il ne croyait pas au succès du Groupe. Alors que le sens, le but même de cette fête était bien de transmettre au monde entier cette croyance en un avenir positif pour notre Groupe. Thomke ne méritait pas d'être blessé sans raison et l'invitation, si je m'en souviens bien, ne lui a pas été envoyée.

En ce qui concerne Elmar Mock, il était devenu entre-temps un ennemi virulent d'Anton Bally et il y avait eu entre les deux hommes des accrochages assez désagréables. Si Anton Bally ou l'un des nombreux collaborateurs d'ETA présents à Zermatt y avaient croisé Mock, cela aurait sérieusement gâché leur fête. Le comité d'organisation n'a apparemment pas voulu prendre ce risque. Mais vous pouvez être assuré que le Docteur Willy Salathé, le Docteur Rudolf Dinger, Paul Wyser, Jacques Muller et Anton Bally – ainsi que la quarantaine de personnes qui ont participé au projet Swatch – ont été des hôtes bienvenus. Il en va de même pour la direction du Swatch Group et pour nos nombreux collaboratrices et collaborateurs très engagés. Peut-être voulez-vous maintenant aussi savoir pourquoi ces deux messieurs qui nous ont quittés n'ont pas non plus été invités à la grande fête que nous avons organisée à Versailles à l'occasion du 200e anniversaire du Tourbillon inventé et breveté par Breguet ?

Si vous vous en souvenez – le lancement de la Swatch au Japon n'a également pas été si facile.

Oui, et ce lancement ne s'est pas bien passé. Nous avions cru que nous aurions du succès au Japon en utilisant la même astuce publicitaire qu'en Allemagne et en Amérique : l'immense montre Swatch accrochée sur un bâtiment appartenant à une banque. Les Japonais nous ont fait beaucoup de difficultés et nous avons dû décrocher la montre. J'avais alors téléphoné au conseiller fédéral Kurt Furgler (chargé du ministère de l'Économie) et lui avais demandé de parler avec le gouvernement japonais. Non, au début cela n'a pas très bien marché avec la Swatch au Japon. Mais le problème avec le Japon est ailleurs. Les Japonais avaient essayé durant des années avec Seiko, Citizen et Casio de doubler l'industrie horlogère suisse, comme cela leur avait déjà réussi dans les secteurs de la télévision, de la radio et autres biens de consommation. Ils ont gagné des batailles, mais en fin de compte ils n'ont pas réussi à gagner la « guerre économique »

Nicolas Hayek et son épouse Marianne téléphonant avec le « Swatch-Twinphone » dans le jardin de leur maison à Meisterschwanden, Suisse (1991).

Ensemble avec son fils Nick dans son bureau au Swatch Group à Bienne, Suisse (2003).

Loisirs... : donnant à manger du pain aux cygnes, au bord du Hallwilersee, Suisse (vers 1995).

Sur la moto avec son petit-fils, passionné de sport, Marc Alexandre (1997).

Les époux Hayek, Marianne et Nicolas, se connaissent depuis plus de cinquante ans (1996).

Nayla Hayek, membre du conseil d'administration du Swatch Group et de Hayek Engineering, et responsable au niveau de la direction du Swatch Group pour le Moyen-Orient.

« Capitaine Hayek » dans son bureau à Zurich. Le gouvernail est un cadeau offert par les collaborateurs de Hayek Engineering à leur patron (1989).

En discussion à Interlaken, Suisse.

Connu pour sa passion des cigares.

Nicolas Hayek au volant du premier prototype de la voiture Smart (1997).

Avec l'aide de Cindy Crawford, les montres Omega ont eu un vif succès auprès de la clientèle féminine (2002).

Partie de tennis avec Martina Hingis, dans le environs de Schleinikon, à Zurich (1997).

Porteur officiel de la flamme aux Jeux Olympiques d'Atlanta, avec son petit-fils, Marc Alexandre (1996).

Qui l'eût cru ? Déjà 200 millions de montres Swatch vendues (1996).

Derrière une arbalète, au côté de Cindy Crawford, lors d'un concours de tir dans le centre sportif de Macolin, en Suisse (1996).

Remise du titre de docteur « honoris causa » par l'Université de Bologne (1998).

L'un de ses dessins humoristiques préférés : le héros national Hayek en compagnie de Guillaume Tell et des généraux Dufour et Guisan (1999).

Déjà comme maire de Paris, Jacques Chirac s'intéressait à l'entrepreneur Nicolas Hayek (1994).

Le Chancelier allemand Helmut Kohl et son ministre de la Recherche et de l'Industrie, Jürgen Rüttgers, visitent les fabriques EM Marin et ETA, appartenant au Swatch Group (1996).

Le Président polonais Lech Walesa également très intéressé par les montres Hayek, lors d'une visite à Bienne.

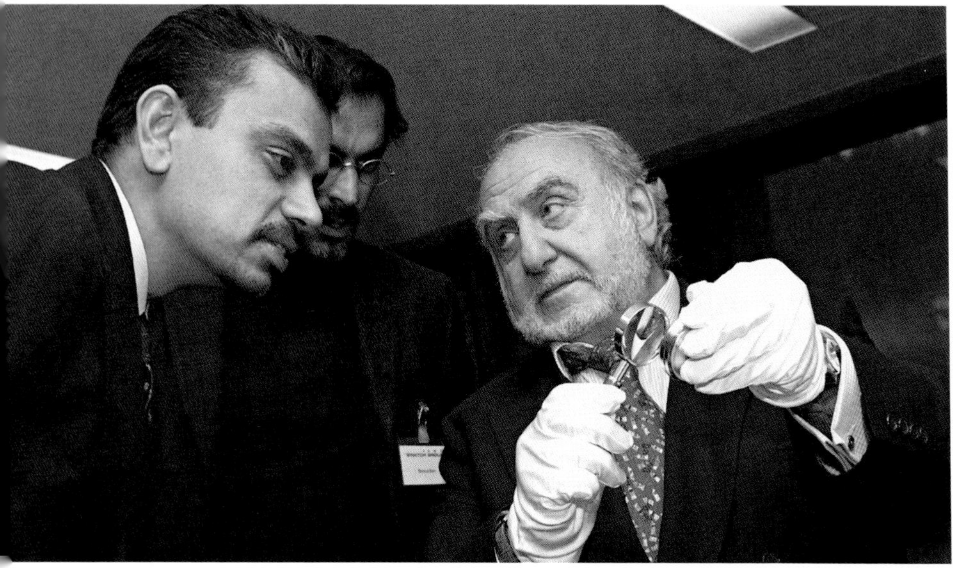

« Monsieur Breguet » en action : ici, Nicolas Hayek présente la montre Breguet de poche N°5 à deux princes arabes.

Le président et délégué du conseil d'administration, Nicolas G. Hayek, avec son fils Nick Hayek Jr., nommé président-directeur général du Swatch Group en 2003 (1996).

contre nous. Ils ne sont tout simplement pas parvenus à égaler le message des montres suisses : « Nous sommes les montres les plus précises du monde. » Ils ont essayé par tous les moyens mais ils ont échoué.

Partenaires ou rivaux ?

En principe, nous collaborons aujourd'hui dans le domaine de l'électronique et de la miniaturisation avec les plus grandes entreprises européennes, américaines et japonaises. Beaucoup de ces sociétés ont besoin de cette collaboration avec le Groupe Swatch. L'ancienne dirigeante de Hewlett Packard, Carlton Fiorina, souligna il y a deux ans, dans un discours prononcé lors d'une grande foire industrielle à Las Vegas, que les gens de Swatch étaient parmi les plus innovants en matière de microélectronique. Que pourrait-on faire, par exemple, avec Sony ? Des dirigeants de cette société sont venus il y a quelque temps à la Foire de la bijouterie et de l'horlogerie de Bâle pour discuter d'éventuels projets communs. Mais depuis, nous n'avons encore véritablement rien concrétisé. Actuellement, avec Sony, nous sommes comme un jeune couple pas encore vraiment amoureux. Nous faisons bien quelques petites choses ensemble, mais cela ne suffit pas pour se marier. Nous envisageons toutefois de collaborer sur quelques projets. Nous avons également des accords avec Hewlett Packard, avec Microsoft, avec pratiquement toutes les sociétés technologiques importantes.

Mais ne courez-vous pas le danger d'être un jour dépassés par quelqu'un d'autre ?

Si, si. Nous avons déjà été dépassés à plusieurs reprises : par exemple, par Nokia sur le marché des téléphones. Nous avions commencé à collaborer de manière restreinte. Mon épouse et moi-même avions même été invités pour un week-end sauna en Finlande. Mais comme pour de nombreux partenariats, nous avons vite constaté que le Swatch Group était structuré différemment que la plupart des grandes entreprises. Pour nous, la beauté du produit est un élément très important, elle est même parfois en première ligne. En matière d'esthétique, presque personne ne peut nous égaler. Essayez un jour de devancer des artistes comme Léonard de Vinci, Raphaël ou Van Gogh. Au mieux, vous pourrez copier leur style, mais sans succès durable. Notre objectif n'est pas d'être les plus grands dans le domaine scientifique. Nous ne prétendons pas développer la meilleure électronique, même si nous comptons parmi les meilleurs mondiaux. Mais nous nous engageons à fabriquer les produits les plus beaux et les mieux adaptés. Et nous sommes capables, avec un bon partenaire, de faire la plus petite et la plus solide électronique de la meilleure qualité, car nous sommes les experts en miniaturisation ayant dans le monde la plus grande et la plus longue expérience. Personne n'est aussi spécialisé dans ce domaine que nous autres horlogers. C'est pourquoi il est difficile de nous dépasser dans notre domaine.

Que pensez-vous de la Chine en tant que concurrent ? Personne n'achète chez nous une montre à cinq francs, mais vous savez très bien qu'en Chine ils travaillent aussi sur la qualité et que les Chinois sont en mesure de fabriquer avec nos machines des montres de haute qualité. Les copies en sont la meilleure preuve.

Il est évident que, de par le monde, il existe des gens qui sont en mesure de faire ce que nous faisons. C'est d'ailleurs dans l'intérêt de tous. Car si nous ne sommes pas stupides et ne nous assoupissons pas, nous pouvons nous aussi leur vendre des choses. La Chine est un énorme marché pour nous : ils nous vendront peut-être des tas de montres et des téléphones portables pour disons 10 ou 20 millions de francs suisses, mais en restant vigilants nous leur vendrons des montres pour 30 millions de francs. Il se peut que les Chinois puissent produire des choses formidables, mais – si nous le voulons – nous sommes en mesure de produire d'autres choses au moins tout aussi formidables. Chaque peuple montre une grande curiosité et un grand intérêt vis-à-vis de la culture et de l'art des autres peuples. Pour les Chinois, il est par exemple intéressant de venir ici et d'acheter nos montres en émail qui sont émaillées d'une manière complètement différente des leurs. Cela ne me fait pas peur. Ce dont j'ai vraiment peur, c'est plutôt de la tendance en Europe à devenir paresseux. De l'attitude fatale de croire que le bon Dieu nous est redevable de notre aisance et de notre niveau de vie parce que nous sommes blancs, blonds et avons les yeux bleus. Tous les autres devraient travailler bien plus que nous, mais surtout ne pas gagner autant d'argent. Si nous suivons ce principe, un jour nous n'aurons effectivement plus rien à offrir d'intéressant aux Chinois.

On observe actuellement ce phénomène en Allemagne. Chacun sait parfaitement qu'il devrait travailler plus pour ne pas perdre le niveau de vie qui a été acquis durant les quarante dernières années. Mais aucun ne veut l'admettre. Nous tous en Europe constatons que nous devons faire des efforts et devenir plus innovants et plus créatifs. Nous ne vivons pas dans un pays de cocagne. L'histoire ne s'arrête pas. Nous sommes dans un bateau sur un énorme fleuve et si nous n'avançons pas à contre-courant, eh bien nous reculerons. La Chine est pour moi quelque chose de positif car nous pouvons y envoyer nos jeunes pour qu'ils apprennent à se battre et aussi qu'ils puissent y faire l'expérience d'autres modes de vie et s'enrichir d'expériences professionnelles différentes. Nombreux sont les Européens qui aiment travailler à Hongkong, Shanghai ou Pékin. Cela montre que nous n'avons pas encore, chez nous, en Europe, tout à fait perdu l'esprit d'entreprise.

Marketing, pouvoir et médias

La renaissance de l'industrie horlogère suisse n'était pas seulement la conséquence d'une révolution technique, comme l'exemple Swatch l'atteste. Elle était aussi le résultat d'une stratégie marketing adroite et globale. Nicolas G. Hayek et nombre de ses collaborateurs et cadres avaient pris conscience qu'une montre n'était pas uniquement un produit technique et un savoir-faire, mais que c'était aussi un produit de type affectif pour le consommateur. L'art du marketing intelligent a donc consisté à définir pour chaque marque de montre un message clair et compréhensible, auquel le client pouvait s'identifier. La réussite du groupe SMH en la matière est tout à fait exemplaire. Alors que les montres étaient jusqu'alors des produits prisés pour leur grande complexité technique, elles sont devenues, grâce aux visions de Nicolas G. Hayek, des biens de consommation émotionnels avec des messages différenciés par marque.

En raison de cette logique totalement nouvelle, les montres sont devenues un pont entre la technologie de pointe d'une part, et la culture, l'art et l'esthétique d'autre part. La Swatch corrobore parfaitement cela. Avec cette montre, on est arrivé à associer la meilleure qualité et la technologie la plus pointue avec les idées de joie de vivre, de jeu et de plaisir, avec le théâtre et l'art moderne, et avec le sens de la provocation. C'est la raison pour laquelle la Swatch est devenue très vite un objet culte et un objet recherché par les collectionneurs. Même la concurrence japonaise a été impressionnée par ce phénomène. Avec les mots « *The watch culture is your culture* », elle faisait en fin de compte un hommage et une révérence aux Suisses qui, tel le phénix, renaissaient de leurs cendres. Grâce à l'acquisition de marques prestigieuses telles que Blancpain, Breguet, Glashütte, Jaquet Droz et Léon Hatot, SMH a fortement consolidé sa présence dans le segment le plus élevé du marché des montres, après qu'Omega avait pendant longtemps été seule au sommet de la pyramide ou – pour reprendre les mots de Nicolas Hayek : en haut du gâteau d'anniversaire. Tout ceci a modifié la base du modèle économique de la SMH. Alors que, durant les premières années du redressement, c'est avant tout Swatch qui avait joué le rôle de « vache à lait », ce sont entre-temps les marques de luxe du groupe qui ont rempli les caisses de la plus grande entreprise horlogère du monde.

Peut-on vraiment dire que chaque marque de votre groupe délivre un message qui lui est propre ? Et êtes-vous en mesure, monsieur Hayek, de différencier immédiatement, par exemple, une Longines d'une Tissot ? Peut-on vraiment définir aussi clairement les frontières entre les marques ou n'y a-t-il pas malgré tout, au final, des lignes de recoupement ?

Le principe fondamental de la stratégie que j'avais autrefois définie était que toute bonne marque doit pouvoir transmettre des messages qui sont clairs et qui correspondent à la vérité. Même si le consommateur ne perçoit pas toujours la clarté de chaque message pris séparément, il les ressent instinctivement. Il sait assurément ce que la Swatch incarne : qualité excellente, bas prix attractif, joie de vivre et provocation. Si nous faisions maintenant une Swatch très sérieuse, sans aucune provocation, et que nous la vendions 5 000 francs, nous perdrions vraisemblablement en moins de deux ans des millions de clients. Les gens ne comprendraient pas pourquoi le message de la Swatch est soudain devenu autre et complètement différent.

C'est la même chose avec Longines. C'est une montre distinguée et élégante. Elle a la finesse d'Audrey Hepburn et se personnifie en publicité par le charme de la gymnastique et de la danse. Malheureusement nous n'avons pas encore trouvé pour notre publicité une autre Audrey Hepburn, une femme d'aujourd'hui qui soit à la fois aussi gracieuse, aussi élégante et aussi naturelle qu'elle. Longines est une montre chic dans un segment de prix pas trop élevé.

Nous avons une situation complètement différente avec Breguet. Regardez la publicité de Breguet. Breguet, c'est la culture et l'art européens des siècles derniers. Nous montrons Napoléon et Marie-Antoinette avec une Breguet. Ensuite nous avons utilisé Honoré de Balzac, Victor Hugo, Pouchkine, Alfred de Musset, etc. – des auteurs qui parlent tous de Breguet dans leurs livres – et nous les citons. Ainsi nous transmettons ce message : Breguet fait partie intégrante de la culture européenne. La publicité pour Breguet est sans aucun doute l'une de nos meilleures campagnes.

Les entrepreneurs sont aussi des artistes

Pour communiquer clairement ce message, j'ai organisé l'an dernier une exposition au musée de l'Ermitage à Saint-Pétersbourg. Le conservateur de ce lieu est un véritable artiste, un homme que l'argent n'intéresse pas et qui déteste tout entrepreneur, dans lequel il voit un capitaliste. Nous avons eu un long entretien à l'issue duquel il m'a dit : « Vous êtes un artiste. Avec vous, je fais l'exposition. » Il a mis à notre disposition toute une aile de l'Ermitage. Pas moins de 250 000 visiteurs en provenance du monde entier ont vu l'exposition Breguet. Cette marque a une longue histoire et c'est une véritable œuvre d'art. Personnellement, je suis ouvert à toute forme d'art. Une fois, un journaliste américain qui m'interviewait a vu sur mon bureau une bande dessinée de Picsou (j'en ai toujours qui traînent parmi des œuvres de grands écrivains, poètes ou penseurs) et il m'a demandé si c'était pour mes enfants. Je lui ai répondu que c'était moi qui aimais bien lire ces albums. Du coup, il a écrit dans un article enthousiaste que Hayek considérait Walt Disney comme de l'art et de la culture. Et je ne le renie pas. J'y prends du plaisir et pour moi c'est aussi de l'art. Vous voyez jusqu'où on peut élargir la notion d'art.

De même, je pense qu'un entrepreneur est aussi un artiste, qui imagine, crée et réalise de nouvelles idées. S'il rencontre des obstacles en cours de route, il trouve la manière et les moyens de les surmonter. Il sait aussi communiquer sur ces idées. Prenez par exemple Pablo Picasso. C'est un entrepreneur qui a réalisé des œuvres d'art extraordinaires et qui a aussi créé des emplois, au niveau de ceux qui le fournissaient ou de ceux qui vendaient ses œuvres. Et il a également communiqué sur cela ! Cela ne sert vraiment à rien, lorsque vous êtes un entrepreneur, de produire de nouvelles choses et que personne n'en sache rien.

Pour le positionnement réussi de toute œuvre d'art, y compris de toute montre, il y a trois critères. Premièrement, le prix. Celui-ci doit être en ligne avec la qualité du produit. Deuxièmement, le message que chaque marque doit communiquer. Et troisièmement, le management en place. Si le management a l'impression qu'il a à faire à une montre qui est vendue pour 500 francs suisses en boutique, comme par exemple la Certina, mais qu'il aspire à un positionnement comme celui d'Omega et qu'il fabrique en catimini des montres plus chères, cela ne pourrait pas fonctionner dans notre Groupe. Chez Swatch Group, les gens qui ne sont pas solidaires n'y ont pas leur place. Au début, j'ai même dû pour cette raison licencier des collaborateurs. Depuis, cela ne s'est plus reproduit. Tous savent exactement que vouloir valoriser une marque est légitime, mais que c'est aussi extrêmement difficile. Il peut facilement arriver que vous libériez une place pour la concurrence et qu'ainsi vous nuisiez à votre propre entreprise.

Rarement, mais de temps à autre, il arrive que nous ayons des problèmes entre deux marques. L'une se plaint que l'autre essaie de se profiler dans son segment avec des montres moins chères. Dans un tel cas, nous discutons avec les deux marques, essayons de trouver un modus vivendi qui satisfasse les attentes de chacune et nous solutionnons le problème. Je vous ai déjà dit que les différends sur des questions factuelles ne sont pas source d'animosité au sein du Swatch Group. C'est pourquoi d'ailleurs la presse ne comprend pas qu'entre mon fils et moi il n'y ait pas une guerre de pouvoir. On pense qu'il n'est pas possible que le vieux monsieur qui détient 51 % des actions n'ait pas quotidiennement des querelles avec son fils. Mais, justement, nous n'en avons pas.

La marque comme ambassadrice

Mais revenons aux messages de nos marques. Une marque peut transmettre bien plus qu'un seul message. Omega, par exemple, est la montre des intellectuels, des sportifs, et en plus elle est un instrument de mesure du temps de la plus haute précision. Ce sont ses messages. Comment les communiquons-nous ? Nous ne pouvons pas simplement prétendre que cette montre est plus précise que toutes les autres.

Cela doit correspondre à la vérité. Et c'est pourquoi nous racontons l'histoire de la Nasa qui, avant le premier vol sur la Lune, avait fait tester tous les produits pointus qu'elle avait trouvés dans un grand magasin d'horlogerie de Houston. Il en résulta que la montre la plus précise était une montre de la maison Omega. La Nasa commanda alors chez nous des montres pour le vol sur la Lune. La première, la seconde et la troisième montres à être allées sur la Lune ont été des modèles Speedmaster d'Omega. Nous avions fabriqué pour les astronautes des versions spéciales qui répondaient aux exigences très élevées de la Nasa. Lors du vol d'Apollo 13, les astronautes ont même, en cas de panne de l'ordinateur de bord, pu réaliser leur atterrissage uniquement grâce aux montres Omega. Ce sont des histoires authentiques, avec lesquelles nous faisons systématiquement de la publicité.

Le deuxième point est le sport. Il s'agit ici de rapidité et de précision, de persévérance et de haute performance. C'est pourquoi, parmi d'autres, Michael Schumacher fait de la publicité pour Omega. Enfin, en troisième, Omega, en tant que montre belle et élégante, veut être une montre pour les personnalités. C'est la raison pour laquelle nous avons engagé Cindy Crawford, une femme belle, intelligente et d'une grande notoriété. En même temps, nous avons fait appel à Pierce Brosnan qui possède les mêmes qualités. À côté de la photo de ces célébrités, nous disons dans le texte publicitaire : « *This is their choice.* » Nous arrivons à faire cohabiter ces différents messages avec un succès qui ne se dément pas. Ce qui n'est pas le cas uniquement pour Omega. Il y a quelques années, lorsque nous étions encore SMH, un sondage a été réalisé pour savoir quelles étaient les marques préférées en Suisse. Le résultat a été pour nous très flatteur, car parmi les dix premiers noms se trouvaient six de nos marques. En plus, Swatch fait partie depuis longtemps des trente marques les plus connues au monde.

Bien entendu, nous suivons très exactement les ventes de nos montres. Nous positionnons les marques en terme de prix, de façon à ne pas engendrer de recoupements. La référence pour nous est le prix de nos montres départ usine, et non le prix public. Au sommet, on trouve Breguet avec un prix moyen très élevé de plusieurs dizaines de milliers de francs suisses. C'est vraiment une catégorie en soi, la plus élevée dans l'industrie horlogère mondiale. Ensuite, on trouve Blancpain à partir de 10 000-12 000 francs suisses et des prix maximum presque aussi élevés que Breguet, également Glashütte avec plusieurs milliers de francs, Jaquet Droz entre Glashütte et Léon Hatot pour 10 000 à 11 000 francs suisses. Puis viennent les marques Omega, Rado, Longines, Tissot, etc. Vous voyez, il existe une véritable différenciation. Pourtant, contrairement au passé, nous ne travaillons plus aujourd'hui avec l'image de la marque mais avec son message. De nombreuses agences de publicité et des professeurs en marketing continuent de croire en l'idée que l'image de la marque serait le meilleur critère en publicité. Mais j'ai interdit dans notre société de parler d'image.

Il y a des années déjà, lors d'un discours que je tenais au MIT à Boston, un professeur m'a interrompu et demandé quelle était la différence entre image et message. Je lui ai donné l'exemple suivant : imaginez qu'un homme en compagnie de son épouse et d'un ami homosexuel regardent dans un journal la photo d'une femme très jolie et très sensuelle. L'homme aura spontanément envie de faire la connaissance de cette femme. L'épouse lui fera vraisemblablement comprendre qu'il est aussi stupide que tous les autres hommes, qu'il n'a même pas remarqué que la belle n'est pas une vraie blonde, qu'elle souffre de strabisme et que sa poitrine est siliconée. En d'autres termes : elle rejette l'image. L'ami homosexuel ira dans le sens de l'épouse et trouvera dégoûtant que l'on puisse montrer ainsi une femme comme s'il s'agissait d'une vache laitière.

Si nous partons de l'idée que nous voulons gagner ces trois personnes à nos marques grâce à la photo de la jolie femme, nous avons alors un sérieux problème. L'une dit oui, les deux autres disent non. Que pouvons-nous faire ? Nous faisons appel à la jeune femme en personne et, au lieu de montrer sa photo, nous la laissons se présenter et s'exprimer en tant que personne. Elle ne doit pas débiter n'importe quelle stupidité qui ne serait pas vraie – du style, Coca-Cola est la meilleure boisson au monde – car elle représente le message d'une marque. Ce message doit être positif, chaleureux et vrai à 100 % et immédiatement perceptible comme tel. Elle ne doit pas non plus être superficielle car rien n'est pire que des gens beaux et stupides à la fois. Si tout se passe comme cela, l'homme va trouver la femme non seulement jolie et érotique mais aussi chaleureuse, intelligente et honnête. Il va maintenant vouloir vraiment faire sa connaissance ! Si son épouse n'est pas pathologiquement jalouse, elle va aussi dire que cette femme est honnête, qu'elle a de l'esprit et de la personnalité et qu'elle pourrait devenir son amie. Enfin, l'ami homosexuel va également changer d'avis et se dire que cette femme, à vrai dire, n'y peut rien si elle est jolie et sensuelle. Elle fait preuve également d'intelligence, de chaleur et aussi d'honnêteté. Ce pourrait être quelqu'un avec qui il aurait plaisir à discuter.

Tout ce qui brille n'est pas d'or

C'est la conclusion à laquelle je suis arrivé avec le temps. Ce n'est pas l'image immobile et statique qui est importante, mais le message. À partir du moment où la Swatch avait été lancée avec succès et générait des bénéfices, je me suis investi dans Omega. Il s'agissait alors de mettre de l'ordre, tout d'abord au niveau du produit puis au niveau de toute l'organisation. Omega avait en effet perdu beaucoup de sa notoriété. Elle avait été une super-société jusqu'à ce qu'un petit malin pas très intelligent se dise qu'il devrait vendre beaucoup plus de montres que les 500 000 pièces écoulées annuellement représentant un chiffre d'affaires de 600 millions de francs suisses et un bénéfice de 100 millions. Mais si vous voulez faire davantage de montres, il vous faut aussi atteindre davantage de gens. C'est malheureusement comme ça. Dans le monde il y a peut-être mille milliardaires, mais pas plus, peut-être 100 000 millionnaires, mais pas plus. Des gens qui ont 100 000 francs sur leur compte en banque, il y en a x millions. Ce qui veut dire qu'il n'existe qu'un nombre limité de gens qui peuvent s'offrir les produits de luxe. Et c'est la raison pour laquelle Omega commença à baisser ses prix. Parallèlement, on commença à rogner sur la qualité des montres. Ainsi, par exemple, les boîtiers et bracelets en or massif ont été remplacés par du plaqué or.

Mais ce calcul n'a pas marché ; les clients n'ont pas suivi. Les gens avaient soudain l'impression que qualitativement tout allait à vau-l'eau – un peu comme si la qualité de Mercedes tombait tout à coup au niveau de celle de la Trabant. Les ventes s'écroulèrent et la marque enregistra des pertes considérables. La direction en place ne disposait même pas d'une comptabilité lui fournissant des tableaux de bord. Je me souviens encore que pendant longtemps la direction d'Omega nous a annoncé avec une belle régularité : « Cette année, nous allons faire 10 millions de francs suisses de bénéfice ! » Cela aurait été à l'époque un très beau bénéfice, beaucoup d'argent. Alors, bien sûr, nous attendions avec beaucoup d'intérêt le résultat de fin d'année. Défilaient les mois de janvier, février, mars, avril, mai ! Enfin, en mai, ils avaient clôturé leurs comptes. Et à chaque fois nous devions entendre le même refrain : Omega avait malheureusement enregistré

50 millions de francs de pertes l'année écoulée. Aussitôt d'ailleurs, le responsable ne manquait pas de justifier la chose en nous fournissant les explications les plus saugrenues avec des excuses du genre sa grand-mère avait eu un bébé et personne ne s'y attendait, il avait plu de temps à autre cet été et personne n'avait pu le prévoir ; il nous a sorti tellement d'excuses farfelues que nous avons dû finir par le licencier. Par la suite, c'est moi qui ai repris la direction stratégique d'Omega.

Très rapidement, il m'a fallu constater que 50 % de la production annuelle d'Omega, qui représentait à l'époque quelque 200 à 300 millions de francs suisses – aujourd'hui nous avons largement dépassé le milliard de francs par an –, étaient constitués de montres plaquées or. Ce qui signifiait que nous ne disposions pas de suffisamment de produits de qualité. Nous nous sommes alors dit : « Si nous voulons positionner et développer Omega en tant que marque de luxe, comme c'était le cas auparavant, alors nos premiers prix doivent se situer entre 3 000 et 5 000 francs suisses. Pour ce faire, il nous faut cependant offrir un produit d'une valeur correspondante. »

En conséquence, nous avons donné l'ordre d'arrêter, à partir de l'année suivante – nous étions en août –, la production des montres plaquées or. Le nouveau directeur d'Omega, un homme sympathique et raisonnable, est tout de suite venu me trouver et m'a fait part de ses préoccupations : « Monsieur Hayek, est-ce que vous êtes conscient que votre décision implique que vous renoncez à la moitié de notre chiffre d'affaires ? Si nous perdons autant de recettes, nous allons très vite aller à la faillite, d'autant plus que nous sommes depuis longtemps dans le rouge. » Je lui ai répondu : « Je vous le confirme volontiers par écrit. Vous pouvez en informer le conseil d'administration ; je prends l'entière responsabilité de cette décision. Nous devons arrêter de produire des montres en plaqué or et en lieu et place recommencer à produire des montres en or véritable. » Depuis que nous avons mis cela en œuvre et que nous avons modifié en conséquence la publicité, Omega a connu une remontée très forte tant au plan de son chiffre d'affaires que de son bénéfice.

À cette époque, peu de femmes achetaient une Omega. Omega vendait surtout des montres pour hommes. Nous avons alors engagé à prix d'or Cindy Crawford, une jolie femme qui est également très intelligente et avec un vrai sens de l'entreprise. Donc pas du tout le genre arrogant qui dirait avec dédain : « J'ai à mes pieds tous les hommes sublimes d'Hollywood. Il faut d'abord commencer par me payer à l'avance mes prestations. Et puis, afin que les choses soient claires, je ne travaille que l'après-midi lorsque je suis parfaitement reposée. » Non, Cindy a collaboré de manière très active dès le départ. Elle s'est engagée à mes côtés pour convaincre les femmes d'acheter une Omega. Les femmes sont pour nous un public cible très important. En effet, 60 % des achats de montres, y compris pour hommes, sont effectués par des femmes. C'est pourquoi nous avons aussi complètement modifié la publicité. Nous avons mis en place une nouvelle équipe que nous avons fortement motivée. Lorsque j'arrive dans une équipe et que je travaille avec elle, les attentes de tous sont très élevées. D'un seul coup, ils sont persuadés qu'ils vont gagner et avoir du succès. C'est un sentiment très exaltant de pouvoir motiver aussi les autres.

Est-il vrai que ces derniers temps, du fait de l'entrée de nouvelles sociétés toujours plus nombreuses comme Gucci, Armani ou Bulgari dans l'industrie horlogère, les dépenses marketing ont atteint des dimensions toujours plus grandes, alors que celles consacrées à la recherche et développement stagnent, voire régressent ?

On ne peut pas dire cela pour nous. En pourcentage, le marketing pèse aujourd'hui même moins qu'avant. Non, actuellement l'innovation est en première place. Prenez Breguet par exemple et regardez combien de nouvelles montres, de nouveaux mouvements, de nouveaux systèmes de composants horlogers nous avons développés et combien, de l'autre côté, nous avons dépensé pour le marketing. Nous avons multiplié par quatre le nombre de nos maîtres horlogers et ingénieurs dans le secteur de la recherche et développement. Nous avons actuellement vingt fois plus d'innovations techniques dans le pipeline qu'il y a cinq ans. Par ailleurs, nous occupons maintenant une très forte position dans le segment des montres de luxe, même si au plan industriel le nombre des acteurs a augmenté ces derniers temps. Les gens qui achètent une montre Breguet, Blancpain ou Omega n'achèteront jamais une montre Gucci. Ces montres sont destinées aux femmes qui s'achètent un sac et un parfum chez Gucci et en même temps s'offrent aussi une montre. La production totale de Gucci est d'environ 100 000 pièces par an. La même chose pour Bulgari.

Les montres et la mode

Pires que ces deux-là – au moins, Gucci et Bulgari fabriquent leurs montres en Suisse – sont les gens d'Armani. Ils font fabriquer leurs montres essentiellement en Chine. La qualité s'en ressent. Des marques comme Armani et Tommy Hilfiger ont commencé à attaquer le segment d'entrée de gamme et plus particulièrement notre marque Calvin Klein. Mais Calvin Klein est une montre « Swiss made » dont on vend actuellement plus d'un million d'unités par an et qui devrait atteindre à terme la barre des 2 millions. Par contre Armani, la marque la plus proche de Calvin Klein, vend environ 400 000 montres par an. Vous voyez, cette concurrence n'est pas encore vraiment une menace. Pour revenir à votre question : bien sûr, ces concurrents issus du secteur de la mode investissent effectivement bien plus en marketing horloger que dans les développements techniques puisqu'ils ne produisent pas eux-mêmes. C'est aussi la raison pour laquelle, dans le segment des montres de luxe mécaniques, j'ai ordonné de stopper les livraisons d'ébauches dans quelques années. De cette façon, j'incite également d'autres sociétés à développer elles-mêmes les ébauches et non à se contenter de les acheter chez nous.

Vous ne diriez donc pas qu'avec l'émergence de nouvelles marques, le marketing dans l'industrie horlogère est devenu sensiblement plus important qu'auparavant ? Vous ne voyez pas de changement dans les vingt dernières années ?

Attention, j'ai dit : pas chez nous. Il y a de fait beaucoup de sociétés qui n'ont pas la moindre idée de la façon dont est construite une montre et de ce qu'est un mouvement. Elles ne s'intéressent qu'au design. Ces gens-là doivent obligatoirement investir énormément d'argent dans le marketing. C'est le cas pour des sociétés comme Armani ou Gucci. Mais les sociétés horlogères réelles et solides, les vrais horlogers, comme par exemple Breguet, Omega, Blancpain, Patek Philippe, Audemars Piguet et Rolex, ont gardé le même budget publicitaire que par le passé. Jusqu'à un certain point, cela vaut également pour la Swatch. Son marketing est aussi devenu un peu plus simple. Nous organisons moins d'événements spectaculaires qu'autrefois, comme par exemple avec la fête anniversaire grandiose de la 100 millionième Swatch à Zermatt. Mais nous avons maintenant les Jeux Olympiques. La dernière Olympiade à Athènes a été 100 % Swatch et cela a été une véritable performance. Nous n'avons pas fait de publicité pour montrer que nous sommes les plus grands, mais nous avons voulu tout simplement et sans ambiguïté faire savoir que, sans nous, il n'était pas possible d'avoir un chronométrage parfait. Lors de la prochaine Olympiade à Turin, c'est Omega qui sera mise en avant. Cet événement correspond parfaitement au message de la marque. Il est parfois nécessaire que nous procédions à des changements de ce genre, même si cela en chagrine certains. On ne peut pas, en effet, et on ne doit pas maintenir une fébrilité autour d'une marque comme Swatch pendant vingt ans et plus. Elle doit connaître des phases de répit, sinon elle meurt, ou plus exactement elle court à sa perte.

Est-ce la raison pour laquelle vous avez renoncé à fêter le vingtième anniversaire de la Swatch en 2003 ? Ou était-ce parce que la Swatch a déjà atteint son zénith et qu'elle n'a plus la même signification qu'auparavant ?

Non, nous n'avons pas renoncé. Simplement, comment voulez-vous fêter un vingtième anniversaire lorsque nous avons dans le Groupe des marques qui affichent deux cents ou cent soixante-dix ans ? Nous avons fêté la 100 millionième et la 200 millionième Swatch, et nous fêterons également dignement la 350 millionième Swatch. Mais je me suis dit que si nous fêtions le vingtième anniversaire de la Swatch, toute l'industrie en rirait. Depuis la première édition de ce livre, nous avons fêté à Lugano, dans le Tessin, en juin 2006 la 333 millionième Swatch par un événement grandiose. Car Swatch est de loin la plus jeune de toutes nos créations. Breguet, par exemple, a été créée en 1775, Blancpain et Jaquet Droz encore plus tôt. Même Omega, Longines et Tissot ont toutes plus de cent ans. Non, non – le marketing n'est pas quelque chose qu'on planifie longtemps à l'avance et pour ainsi dire sans relation avec la réalité ou sans véritable substance. Celui qui agit ainsi risque de se tromper. Pour un marketing réussi, vous devez utiliser l'instant propice où tout est *picco bello* : il faut que le soleil brille, que votre produit soit formidable, que le public soit enthousiaste et également que le moment choisi soit convaincant. Alors, et seulement alors, vous pouvez organiser un *Special Event*. Tout le reste reviendrait à mettre la charrue avant les bœufs.

Le village loué

Chez Swatch, lorsque nous avons atteint la 100 millionième montre, nous avons voulu pour cette occasion un événement vraiment exceptionnel qui ferait sensation dans le monde entier : tout un village devait être occupé par Swatch pendant un week-end. Il ne pouvait avoir lieu qu'à Zermatt car c'est un village sans voitures. Toutefois, tout le monde me dit que je n'arriverais pas, que je n'arriverais jamais, à gagner les Valaisans à cette idée complètement folle. Nous avons discuté avec le maire et les habitants et, que s'est-il passé ?, ils nous ont donné le feu vert. Notre fête dans ce paysage montagneux unique a eu un rayonnement invraisemblable.

Chez Breguet, l'occasion a été le deux centième anniversaire de l'invention du Tourbillon, le 18 thermidor 1801, par l'horloger neuchâtelois Abraham Louis Breguet, peu après la Révolution française. Le certificat du brevet pour le Tourbillon a été délivré à l'époque à Breguet par l'un des « ministres de la Révolution ». Je me suis dit : « Parce que Tourbillon est le plus noble des mouvements de toutes les montres de luxe, n'est-il pas pertinent d'organiser une fête en son honneur, et ce, dans un château de renommée internationale ? » Seul Versailles pouvait offrir ce cadre, d'autant plus que la reine Marie-Antoinette avait acheté et porté des montres Breguet. Notre *Special Event* devait avoir lieu le 14 septembre 2001, le jour du deux centième anniversaire de la délivrance du brevet. Mais le 11 septembre, il y a eu la catastrophe de New York. J'ai réfléchi quelques heures et j'ai dit qu'il fallait annuler immédiatement toutes les invitations.

Cela n'a pas été une décision facile. Madame et monsieur Chirac étaient invités, le Chancelier allemand, son ministre de l'Intérieur et son ministre des Affaires étrangères, la princesse Gloria von Thurn und Taxis bien évidemment, ainsi que monsieur Patati et aussi monsieur Patata – bref, le monde entier était invité, plus de cinq cents personnes. Il y avait un très beau programme : visite du château, concert de piano à l'Opéra royal, dîner de gala, grand bal et en clôture feu d'artifice avec jeux des fontaines d'eau sur musique de Mozart – tout avait été organisé, planifié, dans le moindre détail. Malgré tout, je me suis dit : « Non, on ne peut pas faire ça : je ne peux pas donner une fête somptueuse lorsque quelques heures auparavant tant de gens ont perdu la vie de manière aussi effroyable en Amérique. » À ce moment-là, personne n'était encore conscient de la portée qu'aurait le 11 septembre. On savait seulement qu'il s'agissait d'un acte criminel qui avait coûté la vie à plusieurs milliers de personnes. Mais ma décision était prise. J'avais la conviction que je devais annuler cette fête. Cette décision fit grand bruit. Entre autres, une dame inconnue m'a adressé personnellement une lettre de félicitations : « Vous venez une fois de plus de prouver que vous êtes un grand entrepreneur, capable de prendre les bonnes décisions. »

L'annulation, en particulier celle des très nombreux hôtels parisiens, a été pour nous un coup dur. Nous avions réservé et payé à l'avance les hôtels, et avions aussi commandé et enclenché tout le reste. Cette décision nous a coûté beaucoup d'argent et, à l'époque, Breguet n'était pas aussi rentable qu'aujourd'hui. Mais nous n'avons pas abandonné la fête, nous l'avons seulement repoussée. Elle a eu lieu l'année suivante dans le même cadre, et cela a été une fête éblouissante ! Nous avons même fabriqué une montre spéciale pour l'occasion, éditée à cinq exemplaires. Chacune de ces montres Breguet portait ma signature. Nous les avons vendues 350 000 francs suisses pièce et, croyez-moi, les gens se les sont arrachées. Vous voyez : cette fête, nous ne l'avions pas planifiée pour des raisons purement marketing ; c'était davantage une fête pour célébrer le développement positif de la marque Breguet – et c'est ainsi que doivent être lancés de tels *Special Events* si l'on veut qu'ils soient un succès.

Bien avant que vous n'achetiez la marque Breguet, vous aviez fait l'acquisition de Blancpain. À l'origine, Blancpain appartenait au groupe Omega, n'est-ce pas ? N'est-il pas vrai qu'il n'aurait jamais fallu vendre cette marque ?

En tant que conseil, j'ai été chargé de mettre de l'ordre chez Omega. Dans les livres d'Omega, on trouvait inventoriée toute une kyrielle de marques non utilisées, et parmi elles Blancpain. Cette marque était capitalisée dans les livres pour 9 000 francs suisses. Un jour, un ancien collaborateur d'Omega, Jean-Claude Biver, qui avait entendu parler de la marque Blancpain tombée dans l'oubli, s'était mis en tête de l'acquérir. Il fit appel, en tant que partenaire, à l'horloger Jacques Piguet de la société Frédéric Piguet. Tous deux achetèrent cette marque pour la modeste somme de 18 000 francs suisses. Omega avait accepté ce prix car ils pensaient avoir ainsi fait une bonne affaire. Aujourd'hui, on sait que c'était une erreur de céder si bon marché la marque Blancpain. Mais à l'époque, certains directeurs d'ETA croyaient que les montres mécaniques étaient finies et que plus jamais elles n'auraient de succès. Je crois même qu'ils avaient parié que dans les cinq ans il n'y aurait plus une seule montre mécanique. C'était comme cela à l'époque.

La super-méga-montre de luxe

Bien des années plus tard, la Swatch étant devenue un immense succès et Omega à nouveau florissante, nous nous sommes dit : « Maintenant, nous allons faire une super-méga-montre de luxe. » À cet effet nous avons créé la marque Louis Brand ; Louis Brand fut le créateur, au milieu du XIXe siècle, de la marque Omega. Cette nouvelle marque devait renforcer notre position au sommet du gâteau d'anniversaire. Mais il n'est malheureusement rien sorti de bon de cette nouvelle marque et cela a été un vrai flop. Nous en avons vendu quelques centaines, tout au plus. Vous voyez, comme je l'ai déjà dit, il ne suffit pas de prendre un nom porteur et d'essayer de se profiler dans les segments plus élevés. Nous avons alors abandonné et décidé d'acquérir une des marques de luxe encore existantes. Mais, à ce moment-là, aucune n'était à vendre. Puis, un beau jour, l'avocat de Piguet vint nous trouver et nous informa que Jacques Piguet voulait vendre ses parts chez Blancpain (il était majoritaire). Après de très dures négociations, nous avons acheté la marque pour un montant à deux chiffres en millions de francs suisses.

Quand vous avez acheté Breguet en 1999, la marque était une Belle au bois dormant endormie. Comment avez-vous fait pour réussir à acheter Breguet et en plus à un prix raisonnable ? Et comment avez-vous réveillé cette Belle au bois dormant ?

Breguet avait été rachetée en 1987 par Investcorp, une société financière du Moyen-Orient dont le siège était à Londres et qui avait également racheté en même temps la manufacture Nouvelle Lémania qui appartenait encore à Omega quelques années auparavant. Il faut savoir que Nouvelle Lémania était la société qui fabriquait les mouvements pour les montres Omega qui sont allées sur la Lune. Cela remonte à plus de trente ans, bien longtemps avant que je ne m'intéresse à l'industrie horlogère. Plus tard, j'ai toujours attendu l'occasion qui m'aurait permis de racheter Nouvelle Lémania. Cela a pris beaucoup de temps. Lorsque le moment est enfin arrivé, nous avons commencé des négociations particulièrement complexes avec Investcorp. Ces financiers, qui n'étaient pas du tout des spécialistes en horlogerie, ne voulaient pas se contenter de nous vendre uniquement la manufacture Nouvelle Lémania et Breguet ; nous aurions dû également reprendre tout un groupe de marques et d'entreprises parmi lesquelles comptaient avant tout Ebel, Chaumet et Valdar.

Personne, à l'époque, ne voulait toucher à la marque Breguet ; c'était une marque complètement tombée dans l'oubli. Seuls quelques rares maîtres horlogers savaient encore ce qu'avait été Breguet autrefois. Mais sinon, personne – moi non plus d'ailleurs – n'avait la moindre idée de l'histoire extraordinaire qui se cachait derrière cette marque. C'était vraiment une Belle au bois dormant endormie. Après des négociations particulièrement ardues, nous sommes quand même parvenus avec beaucoup de doigté à un compromis : nous achetions Nouvelle Lémania ainsi que Breguet et Valdar pour moins de 300 millions de francs suisses. Auparavant, mes collaborateurs avaient procédé à une analyse du package proposé par Investcorp. Certains étaient d'avis que tout ceci n'était pas pour nous, que ces marques étaient trop endettées et que leur chiffre d'affaires était insuffisant. En plus, on me disait qu'Investcorp avait déjà essayé avec plusieurs banques d'introduire Breguet en Bourse, sans succès.

Alors que nous nous occupions du package Breguet, le groupe de produits de luxe LVMH était en train de placer ses pions pour pénétrer le marché des montres. LVMH était donc à la recherche de marques et manufactures de montres qui étaient dans sa cible. Nous savions que LVMH était en train de négocier l'achat de la marque Tag Heuer. Ce qui voulait dire que LVMH pouvait aussi être tout à fait intéressé par la reprise de Nouvelle Lémania et de Breguet. Pendant nos négociations avec Investcorp, j'en ai profité pour me faire une idée précise des différents produits qu'Investcorp nous avait proposés à l'achat. Je savais déjà exactement ce que j'allais faire de ces produits. Donc, en dépit de l'avis défavorable de certains de mes collaborateurs, j'ai acheté quasiment par téléphone et sans coup férir Breguet, Nouvelle Lémania et Valdar. À ce moment-là, en effet, je participais à une réunion de deux jours au Comité olympique 2000 dont j'étais membre à Lausanne. Et j'ai insisté pour que les contrats me soient adressés immédiatement car je savais que LVMH était également dans la course et qu'il ne fallait pas perdre de temps.

Mais ensuite il y a eu une panne qui m'a mis dans tous mes états. Au lieu de nous envoyer les contrats pour signature en Suisse, les banquiers londoniens d'Investcorp les ont envoyés par erreur de Londres en Suède ! Vous ne pouvez pas vous imaginer quelle histoire cela a été. J'étais très alarmé. C'était comme dans un roman policier. J'ai tremblé pendant deux ou trois jours car je savais que LVMH était en train d'acheter la marque Ebel auprès d'Investcorp et que cette marque valait tout au plus un dixième de Breguet. Lorsque les contrats arrivèrent enfin, je les ai tout de suite signés avec Investcorp et cela a été un véritable soulagement. Mais ensuite deux membres de ma direction générale me firent remarquer que ce rachat aurait dû être préalablement validé par le conseil d'administration. J'en avais été pleinement conscient mais, dans cette situation de turbulences, le temps aurait tout simplement fait défaut pour, en plus, convoquer une séance du conseil d'administration.

Souvent, il faut en effet agir très vite, notamment lorsqu'il s'agit de saisir une bonne occasion. La rapidité est un facteur stratégique très important. Aussi ai-je répondu : « Si le conseil d'administration n'est pas d'accord, eh bien c'est moi qui rachète Breguet dans le cadre du groupe Hayek. » La possibilité de pouvoir agir ainsi me donne beaucoup de force et d'indépendance. Dans une situation d'urgence exceptionnelle, je peux m'engager complètement et prendre le risque que mon conseil d'administration ensuite ne suive pas. Je fais alors les choses à titre privé sur mon argent personnel, si on m'y autorise. Jusqu'à présent, cela n'est toutefois jamais arrivé. Et dans le cas présent, cela n'a pas été non plus nécessaire. Notre conseil d'administration, après que je lui ai expliqué ce que je comptais faire avec la marque Breguet, m'a félicité à l'unanimité : « Bravo, c'est un excellent achat ! »

Peu après, j'ai repris immédiatement moi-même la direction de Breguet. Cette nouvelle s'est propagée comme une traînée de poudre dans l'entreprise. Un des cadres de la direction, qui ne travaille plus pour nous, m'a alors tout de suite demandé pourquoi je reprenais cette fonction au lieu de le nommer à ce poste. Ma réponse a été que je voulais lui montrer, ainsi qu'à ses collègues du secteur des montres de luxe, ce que l'on peut faire avec une telle marque. Je me suis donc mis immédiatement au travail avec l'équipe existante de Breguet. L'ancien directeur de Breguet, qui n'était pas l'homme le plus correct de la branche et qui n'incarnait pas non plus une force au plan stratégique et opérationnel, nous a rapidement quittés. Deux autres cadres, qui n'étaient pas à l'image de l'entreprise, ont aussi été remplacés par deux collaborateurs doués qui faisaient déjà partie de l'entreprise. Un renouvellement de la marque et de l'entreprise était indispensable et urgent. Car, les années précédentes, ni le chiffre d'affaires ni le bénéfice de Breguet n'avaient été satisfaisants. Par ailleurs, nous avons mis le doigt sur quelques activités non professionnelles nuisibles pour la marque et que nous avons immédiatement stoppées. Enfin, nous avons dû contrer énergiquement des tentatives d'affaires parallèles.

Nous avons donc pris en main le développement produit et avons engagé quelques maîtres horlogers de la plus haute catégorie qui étaient enthousiastes de se lancer avec nous dans la grande aventure promise. À côté de ces maîtres horlogers, nous avons mis sur pied une équipe de designers qui était responsable de la beauté – je dis bien la beauté – des produits. Avec eux, nous sommes arrivés à initier plus de trente-cinq nouveaux développements techniques pour les mouvements – certains d'entre eux à proprement parler révolutionnaires. Nous avons très vite commercialisé ces nouveaux produits avec un grand succès. En même temps, j'ai mis en place une équipe musclée pour le contrôle qualité afin de garantir de manière constante les exigences en matière de standard qualité des montres Breguet. Nous avons également amélioré durablement le service après-vente qui constitue toujours un grand problème avec les montres mécaniques. Nous sommes en effet arrivés à engager quelqu'un de particulièrement compétent. Par contre, je me suis attelé personnellement et pratiquement en solo à tout ce qui concernait la publicité et la communication. Mes propositions et idées étaient ensuite transmises au service marketing pour qu'ils les réalisent.

Il va sans dire que je surveillais également la production avec Edmond Capt, le directeur de la manufacture Frédéric Piguet, et François Manfredini qui venait de Zenith et nous avait rejoints. J'ai aussi donné mon accord pour un programme d'investissement de plus de 20 millions de francs suisses et j'ai rénové avec le vice-directeur en charge des ventes (Rodolphe Schulthess) le système de distribution mondial. Toutes ces mesures nous ont permis d'augmenter le chiffre d'affaires de Breguet de 40 à 50 % chaque année, jusqu'à quelque 250 millions de francs suisses, et d'augmenter le bénéfice annuel de 300 à 400 %. La marque a soudain regagné une telle notoriété que nous n'étions pas en mesure de satisfaire la demande toujours croissante émanant de tous les pays. C'est la raison pour laquelle j'ai décidé une intégration à 100 % de la manufacture Nouvelle Lémania dans Breguet.

Lorsque j'ai fait part de cette décision à Nouvelle Lémania en insistant sur le fait qu'à l'avenir tous les collaborateurs de la manufacture seraient partie prenante de la renaissance de la marque Breguet, une onde de satisfaction a parcouru la salle. Tous se sont levés et ont exprimé leur joie. Je l'ai dit, je suis personnellement responsable de Breguet. De cette manière nous avons réussi à faire en sorte que nos collaborateurs croient de nouveau au produit. Tout est d'aplomb : la fabrication, le message et le service après-vente. Si un acheteur a une réclamation quelconque, on règle le problème très vite. Sinon, on lui délivre une nouvelle montre. Il nous est même arrivé de nous rendre jusqu'en Ukraine pour échanger une montre défectueuse. Breguet s'est vraiment muée en une société extraordinaire. Depuis, selon les analyses de différents spécialistes, nous sommes la société la plus importante dans le segment de marché du luxe et sommes en passe de devenir la marque culte dans le segment grand luxe. Mon fils Nick le constate chaque fois qu'il se rend en Russie ou au Japon. Beaucoup l'interpellent sur Breguet et désirent en avoir une.

Vous avez parlé d'affaires parallèles. Le problème se pose aussi, bien entendu sous une autre forme, en Suisse et partout où le Swatch Group exploite en propre des boutiques dédiées à une marque ou des boutiques Tourbillon. Est-ce que de la sorte vous ne mettez pas des bâtons dans les roues de vos concessionnaires ?

Non, au contraire. En installant des boutiques qui nous appartiennent dans divers centres villes, nous faisons une énorme publicité pour nos montres, même si au début les concessionnaires ont protesté. Grâce à notre présence, au bout d'un certain temps, le chiffre d'affaires de tous en profite. Si, par exemple, vous parlez avec nos concessionnaires Omega de la Bahnhofstrasse (Champs-Élysées zurichois) de Zurich, ils vous le confirmeront. C'est un fait que, depuis l'ouverture de notre boutique Omega à la Bahnhofstrasse, pratiquement tous les concessionnaires Omega de Zurich vendent davantage de montres Omega qu'auparavant. Ce qui veut dire que nos boutiques monomarques installées dans les meilleurs endroits sont une publicité en soi. Et donc les concessionnaires, malgré notre concurrence, ne vendent pas moins de montres mais davantage. Je vous donne un autre exemple. Hier, j'ai appelé notre boutique Breguet à New York et ai demandé : « Patricia, combien de montres avez-vous vendues aujourd'hui ? » Elle m'a répondu : « Pas une seule, mais je suis sûre que nous en avons vendu au moins cinq pour le compte de nos concurrents concessionnaires Breguet. »

Pourquoi m'a-t-elle dit cela ? Parce que dans nos boutiques, nous avons interdit d'accorder des rabais, tout au plus les 1 ou 2 % d'escompte lorsque le paiement est au comptant. Nos concessionnaires en revanche sont tout à fait libres d'accorder des rabais et le font parfois jusqu'à hauteur de 10 %. Ce qui signifie que nombreux sont les clients qui viennent dans nos boutiques pour voir et obtenir toutes les explications concernant nos montres du fait que nous sommes les spécialistes de la marque, et qui ensuite achètent leur montre chez l'un de nos concessionnaires à un prix plus avantageux. Dieu merci, il nous reste encore suffisamment de clients qui achètent directement chez nous. Le groupe Cartier, qui a beaucoup plus de boutiques que nous dans le segment du luxe, a fait la même expérience. Il en va de même pour LVMH et Gucci.

De Mister Swatch à Monsieur Breguet

Personnellement, comment avez-vous vécu le passage de « Mister Swatch » à « Mister Omega » puis à « Monsieur Breguet » ? En tant que « Mister Swatch », vous aviez dit un jour qu'il fallait être fou pour acheter une montre à un million de francs. Mais depuis, vous vendez des montres de ce prix. Pouvez-vous vous adapter sans problème et vous est-il facile de vous glisser à chaque fois dans un nouveau rôle ?

Même si j'ai effectivement fait cette déclaration, je n'ai jamais été dans ma vie contre les folies. C'est ce que l'on voit lorsqu'on est à l'extérieur. Mais n'oubliez pas notre stratégie du début. Celle-ci nous a permis d'avoir une vue d'ensemble sur toute l'industrie horlogère. Au départ, il y avait avant tout la Swatch qui était notre plus grande marque et qui nous a rapporté beaucoup d'argent. Ensuite, avec Omega, nous avons encore amélioré sensiblement nos bénéfices. Avec cette manne, nous avons pu sauver et remettre de l'ordre dans les autres marques, acheter de nouvelles usines et faire de nombreux investissements dans le cadre de notre Groupe. C'est ainsi que pas à pas nous avons assaini toute l'industrie horlogère. Ce qui n'a pas changé, c'est ma volonté d'être et de rester le numéro un mondial de l'industrie horlogère. Inchangées également sont ma stratégie offensive et mon ouverture à l'innovation. Bien entendu, il n'était pas possible de tout faire en même temps. À vrai dire, Swatch et Breguet sont deux mondes en soi. Même si la reine d'Angleterre ou le président de Fiat portent une Swatch, ils ont aussi une Breguet ou une Omega. C'est comme si vous rouliez en Volkswagen mais que vous aviez aussi une Rolls-Royce au garage. Et n'oubliez pas non plus qu'une montre Breguet est un pur chef-d'œuvre européen, fait à la main, de grande beauté, et qui peut être vendu à tout moment dans une vente aux enchères de renom. C'est pourquoi une montre Breguet est souvent considérée comme un investissement. Et encore une chose : peu importe que je sois « Mister Swatch », « Mister Omega » ou « Mister Breguet », je suis toujours Nicolas G. Hayek, le même entrepreneur qui n'a pas changé. Et toujours reconnaissable en tant que tel.

Vous vous êtes souvent directement investi dans le marketing. Avec un message qui tenait souvent de la contradiction : d'un côté vous êtes d'une rare prévenance et d'une grande amabilité, ce qui globalement vous rend sympathique et met en confiance. De l'autre côté, vous prétendez de vous-même que vous pouvez être un tueur ou un char d'assaut impitoyable. Par ailleurs, on dit que vous – l'empêcheur de tourner en rond – pouvez difficilement supporter la contradiction, ce qui fait que d'autres empêcheurs de tourner en rond n'ont aucune chance à vos côtés. Quel est le message qui est exact ?

Concernant le message, le mien est tout aussi nuancé que celui de la plupart des gens. En revanche, je ne suis pas un tueur, et tout le monde peut vous le confirmer. Mais si j'ai l'impression que vous voulez sciemment nuire à cette société, alors oui, je deviens impitoyable dans mon combat pour la défendre. Je suis alors un combattant. Il y a eu jusqu'à présent très peu de cas où j'ai dû me comporter de la sorte. Mais je peux imaginer qu'il soit difficile de me cataloguer. Les gens ont plusieurs manières de me percevoir. Si je suis doué techniquement ou doué d'un cerveau mathématique pour les uns, certains me voient comme un entrepreneur éloquent et qui a du succès ; et d'autres me perçoivent encore différemment. Lors d'un échange que j'ai eu dans le cadre d'une grande école près de Paris, on m'a demandé si, en tant qu'expert marketing confirmé, je serais en mesure de vendre tout et n'importe quoi dans toutes les situations, y compris un réfrigérateur à un Eskimo. J'ai répondu honnêtement en disant que cela ne serait pas du tout possible. Si, par exemple, on me disait de vendre du fumier de cheval, j'irais à l'échec programmé car je ne suis pas du tout convaincu que le fumier serve à grand-chose. Je ne peux vendre que des produits auxquels je crois personnellement et que j'achèterais également moi-même.

Et pour ce qui est de la contradiction que vous avez évoquée dans votre question, connaissez-vous beaucoup de gens engagés, qui ont du succès avec leur stratégie et qui supportent la contradiction ? Je tolère toute déclaration contraire à mes idées. Je fais preuve de beaucoup de patience et, parce que je suis fondamentalement démocrate, je donne toujours du temps à l'intéressé pour qu'il puisse développer ses arguments. Mais il y a une chose que je ne supporte pas, c'est la contradiction qui mène à l'échec.

Le marketing, d'une manière ou d'une autre, a quelque chose à voir avec le pouvoir, ne serait-ce que le pouvoir du marché. Vous êtes devenu un homme de pouvoir. Malgré tout, vous avez toujours dit que le pouvoir était quelque chose de négatif et que vous aimeriez écrire un livre sur la gestion du pouvoir par les humains. Que diriez-vous dans ce livre ?

L'abus de pouvoir chez les hommes constitue depuis des millénaires la cause la plus importante de tous les maux et de la violence de notre société. La Fontaine – non seulement un écrivain talentueux mais aussi un grand philosophe – a décrit dans sa fable *Le Loup et l'Agneau* une situation comme on en rencontre tous les jours. Il raconte comment le loup se désaltère à une source au sommet d'une montagne alors qu'en bas dans la vallée un petit agneau se désaltère également de l'eau qui descend de la montagne. Et le loup de dire : « N'as-tu pas honte, petite ordure, de salir mon eau ? » Et le petit agneau de répondre : « Monsieur le loup, comment puis-je salir votre eau puisqu'elle coule de vous à moi ? » Et le loup de hurler : « Et en plus tu oses me contredire et prétendre que je suis un menteur ? » Et il dévore le petit agneau en entier. Cela se passe ainsi tous les jours, que ce soit entre les gens ou entre les nations. Et nous n'entreprenons rien contre. Nous acceptons que le plus faible n'ose pas contrer le plus fort. Pour moi, c'est un phénomène beaucoup plus important et plus négatif que ce que la plupart des gens veulent bien croire. On donne presque toujours raison au plus fort. C'est bien sûr aussi valable pour Nicolas G. Hayek et c'est la raison pour laquelle je m'efforce d'être toujours juste. J'ai d'ailleurs souvent dit à mes collaborateurs que la plus belle inscription que je puisse imaginer pour ma pierre tombale serait : « Il était juste, ou en tout cas il a toujours essayé de l'être. »

Le pouvoir pour le pouvoir ne m'intéresse pas du tout. J'ai eu, par exemple, de nombreuses possibilités de jouer un rôle politique avec lequel j'aurais même pu profiter de la confiance du peuple. Mais je n'ai rien fait de tel. Je n'ai jamais – même pas en rêve – pensé à profiter à mauvais escient de ma position. Vous pourrez constater que, parmi tous les grands chefs d'entreprise, je suis le seul à ne pas siéger dans un conseil d'administration, que ce soit d'une banque, d'une compagnie d'assurances ou d'un autre groupe. Malgré des sollicitations régulières, je m'y suis toujours refusé. Depuis des années, je critique ceux de mes collègues qui donnent leur accord pour que leur nom figure sur une liste mais qui ne prennent pas une part active aux objectifs de l'institution concernée (comité, conseil d'administration, etc.). Pour pouvoir accepter un mandat de conseil d'administration, il faudrait que je puisse m'engager pour les intérêts de l'entreprise en question – et pour cela, malheureusement, le temps me manque, de sorte que je refuse à chaque fois. Il y a pourtant une exception : il y a quelques mois, le président de l'École polytechnique fédérale de Lausanne (EPFL) m'a sollicité pour que je siège au conseil stratégique. En raison de mon activité industrielle et également de mon expérience dans le cadre de la réorganisation du Polytechnique de Zurich et du Polytechnique de Lausanne, je peux ici me rendre utile dans l'intérêt de la collectivité.

Le militaire et le management

Cela fait partie de mes obligations quotidiennes de devoir prendre des décisions, comme tout capitaine qui, en accord avec son équipage, décide la route de son bateau afin de le mener à bon port. C'est ce qu'on appelle le leadership. Et c'est quelque chose que je fais volontiers – mais sans faire usage du pouvoir. Je n'ai jamais exigé de mes collaborateurs : « Vous faites maintenant comme je vous l'ai dit, que vous le vouliez ou non ! » J'ai toujours précisé qu'il y a une grande différence entre le militaire et le management. En raison de l'existence en Suisse de très bonnes écoles de commandement militaire, on a longtemps cru, dans de nombreuses entreprises financières et industrielles, qu'un bon officier ferait automatiquement un bon dirigeant. Mais ce n'est pas comme cela. On peut donner un ordre à un soldat : de marcher des centaines de kilomètres, qu'il soit d'accord ou non. S'il fait de l'obstruction, c'est le cachot assuré. Mais on ne peut pas donner l'ordre à un consommateur d'acheter une montre ou un autre produit. Lorsque j'ai dit cela il y a bientôt trente ans, cela a fait un tollé en Suisse.

Depuis, Nicolas G. Hayek est aussi devenu nettement plus puissant, n'est-ce pas ?

Je ne sais pas si je suis devenu plus puissant. Je n'utilise mon pouvoir que dans des cas exceptionnels où il faut rendre dociles certaines personnes. Mais, à vrai dire, un tel comportement me rend malade. J'ai l'impression de quelqu'un qui veut forcer une femme à l'aimer. Bien sûr, il y a le brutal qui viole, et ça, ce n'est pas du tout moi. Je suis exactement le contraire. Regardez les gens qui travaillent auprès de moi : ils sont détendus, souriants, et c'est très important pour moi. Sans fausse modestie, je crois pouvoir dire que, lorsque je suis sincèrement et honnêtement persuadé de quelque chose, j'acquiers une telle force de conviction que je n'ai de ma vie pratiquement jamais dû forcer quelque chose. L'ancien conseiller fédéral, Nello Celio, m'a avoué une fois : « Lorsque tu entres dans une pièce et que tu commences à parler, tu dégages une énergie positive et un très fort optimisme. Tu inspires la confiance, la confiance en la vie. » Bien sûr, tout cela est très exagéré. Mais demandez aux gens de Breguet ! Pour eux, je suis pratiquement le bon Dieu en personne, ou en tout cas l'homme le plus doué de toute la région. Pourtant mes collaborateurs sont loin d'être transis de peur devant moi et, au contraire, ils recherchent ma proximité.

Il y a un incident que je n'oublierai jamais. J'avais une réunion avec des maîtres horlogers et développeurs de Nouvelle Lémania, tous ces gens doués qui mettaient au point de nouveaux mouvements. Tout à coup débarque un horloger très compétent de l'atelier des complications (qui fabrique les autres mécanismes que celui qui indique l'heure) que je ne connaissais pas. Il se présente et m'explique maladroitement que lui et ses équipes avaient besoin de plus de temps pour pouvoir faire leur travail particulièrement exigeant et qu'il ne fallait pas que je les presse. Il s'adresse à moi comme s'il parlait à un banquier : « Écoute, pendant que tu comptes tes billets et que tu jongles avec tes milliards, tu nous mets sous pression. Cela ne va pas. Nous devons disposer de suffisamment de temps. »

Je lui ai alors répondu : « Comme par exemple pour le modèle Breguet n° 7 où vous avez fait un faux pas ? » Au début, il y avait effectivement eu une petite erreur dans la conception de ce mouvement – mais plus tard le modèle « n° 7 » est devenu un best-seller. J'avais alors demandé à ce que la montre défectueuse soit remise à notre laboratoire central, le plus grand institut de recherche de notre Groupe, afin que le défaut soit rapidement identifié et que l'on puisse y remédier. Mais on me disait toujours : « Non, non, ces investigations, nous les faisons ici, chez nous, à Nouvelle Lémania. » Et c'est comme cela que nous avons perdu de nombreuses semaines. L'horloger était interloqué et étonné que je lui raconte tout cela. Jusqu'à ce moment, il m'avait pris pour un banquier de Zurich. Il ne se doutait pas que même si je n'en connaissais pas autant que lui sur les montres, j'en connaissais tout de même un rayon. Il était tellement surpris qu'il a voulu immédiatement tout nier en bloc. Mais alors je lui ai dit : « Attention, ne me racontez pas de carabistouilles. Je sais encore exactement ce qu'il est advenu avec cette histoire. » Il était très malheureux et bouleversé. Mais aujourd'hui, après avoir travaillé depuis des mois en étroite collaboration avec moi et avoir appris à connaître ma véritable personnalité et à l'apprécier, il est devenu l'un de mes plus importants collaborateurs.

Réveil pour la branche

Est-ce que dans toute l'histoire autour des livraisons d'ébauches, il ne s'agissait pas aussi, dans une certaine mesure, de démontrer qui était le maître à bord dans l'industrie horlogère suisse ? En juillet 2002, le fabricant de mouvements ETA appartenant au Swatch Group annonce soudain que les livraisons d'ébauches (mouvements de montres non montés) seront réduites à partir de 2003 et arrêtées à partir de 2006. À la suite de cette annonce, plusieurs entreprises ont porté plainte contre ETA auprès de la Commission de la concurrence (Comco). Le 8 novembre 2004, l'investigation de la Comco s'est terminée par un règlement à l'amiable dans lequel ETA s'engage à approvisionner ses clients en ébauches pour montres mécaniques jusqu'en 2008 dans les mêmes volumes que jusqu'alors, puis durant les deux années suivantes de manière réduite. Donc quand même un coup de force de Nicolas G. Hayek ?

Le manque de leadership en Europe est partiellement traduit par l'état d'esprit et l'orientation de cette question. Non. Je n'ai assurément pas cette faiblesse. C'est bien connu que je suis le maître à bord, et cela chacun le sait. Je n'ai donc nullement besoin de le prouver tous les jours. Concernant les ébauches, il s'agit de tout à fait autre chose. Nous fabriquons pour près de 40 millions de francs suisses de telles pièces, ce qui correspond à environ 2 millions de mouvements mécaniques. Vous savez ce que cela veut dire ? Pour la fabrication d'un mouvement normal et pas trop complexe, on a besoin en moyenne de quelque 150 pièces, voire dans de nombreux cas jusqu'à 250 composants. Il faut tout d'abord fabriquer toutes ces petites pièces, ensuite veiller à ce qu'elles aillent bien ensemble et enfin encore emballer et expédier l'ébauche. Nous faisons avec cela un chiffre d'affaires de 40 millions de francs. Je répète : un chiffre d'affaires d'à peine 40 millions de francs, c'est-à-dire moins de 1 % de notre revenu total annuel. Ce n'est vraiment pas grand-chose mais cela nous coûte très cher car, derrière tout cela, il y a beaucoup de travail manuel et la main-d'œuvre est toujours plus chère d'année en année.

Le deuxième point est que nous avons découvert de nombreuses montres falsifiées des marques Rolex et Omega, qui étaient fabriquées en Chine, avec des mouvements montés à partir de nos ébauches. Au début, personne ne voulait nous croire lorsque nous parlions de ces falsifications. Mais maintenant c'est une chose prouvée. Vous devez savoir que jusqu'à présent on pouvait acheter des ébauches chez nous à un prix extrêmement avantageux. La conséquence a été que personne ne se donnait la peine d'innover et/ou de développer et produire de nouveaux mouvements. Avec le danger à la clé que tout le segment luxe de l'industrie horlogère soit réduit à du pur marketing, et cela, nous voulons l'empêcher. La plupart des sociétés l'ont d'ailleurs bien compris ; seules deux petites entreprises ont déposé une plainte contre nous auprès de la Comco.

C'est la version officielle. La version officieuse – qui est tout à fait compréhensible – est que la barrière d'entrée sur le marché des montres pour tous ces fabricants étrangers à la branche, tels que par exemple Gucci ou Bulgari, est trop basse. Ils s'approvisionnent chez ETA, font ensuite monter des complications par des sociétés comme Jaquet et Sellita puis vont sur le marché en concurrençant les produits du Swatch Group.

Gucci et Bulgari ne sont absolument pas des concurrents pour les marques significatives du Swatch Group. Tous deux nous achètent sans aucun problème des mouvements terminés et, de ce fait, ne font pas partie de notre clientèle ébauches. Le problème est ailleurs : si, aujourd'hui, quelqu'un souhaite développer un nouveau mouvement, il aura des difficultés à trouver des spécialistes qualifiés. Presque toutes les expériences et nouvelles idées en la matière se situent chez Swatch Group – et chez aucune autre société au monde. Je ne dis pas cela avec triomphalisme car, de fait, ce ne serait pour nous pas du tout négatif si, dans notre branche, d'autres entreprises avaient également cette expertise. Ce serait même une bonne chose car cela ferait une stimulation extérieure. Sinon, dans dix ans, nous n'aurons toujours que nos propres développements. Lorsqu'un jeune veut apprendre comment on fabrique un mouvement, il ne peut pratiquement le faire qu'auprès du Swatch Group. Qu'est-ce que cela signifie ? Cela signifie qu'en étant prêts à livrer des ébauches à tous les clients quand ils le souhaitent et dans les quantités qu'ils désirent, nous freinons le développement de nouveaux mouvements dans la branche. C'est cela la version juste. Et voyez : grâce à notre décision, depuis quelques mois d'autres firmes commencent enfin à développer de nouveaux mouvements.

Vous avez dit un jour que vous aimeriez suivre l'exemple de la branche informatique. À l'instar de ce qu'on peut lire sur presque tous les PC : « Intel inside », vous vouliez arriver à ce que figure sur toutes les montres fabriquées avec des mouvements et ébauches ETA la mention : « ETA inside ». De cette manière, vous auriez de fait obligé la branche à jouer cartes sur table et à reconnaître que même des montres très chères de vos concurrents fonctionnent avec des mouvements ETA. Malgré tout, cette proposition n'a jamais été concrétisée. Pourquoi cela ne s'est-il pas fait ?

Non, je n'ai jamais fait cette proposition. C'était l'idée de l'un de nos clients américains qui y tenait absolument. Il est venu voir l'ancien directeur d'ETA, Anton Bally, avec cette suggestion, mais je l'ai refusée. Il y a en effet une différence fondamentale entre une montre et un ordinateur. Avec un ordinateur, vous n'avez aucun lien affectif, vous ne le portez pas autour du cou ou au poignet et vous ne le montrez pas non plus avec beaucoup de fierté aux autres. Un ordinateur, c'est gris et pas très beau. Maintenant on a commencé chez Apple à concevoir des modèles au design plus attractif. Mais nous, depuis la nuit des temps, nous créons et vendons de la beauté. Et encore autre chose, le summum dans l'industrie horlogère, c'est quand vous pouvez dire : je l'ai fait moi-même.

C'est pourquoi j'ai réfléchi à la manière de forcer la concurrence à produire également ses propres mouvements. Et la réponse a été : réduction progressive de nos livraisons d'ébauches. D'où notre annonce à la branche que nous arrêterions dans quelques années les livraisons d'ébauches et que d'ici là les livraisons seraient progressivement réduites. Cela a entraîné les plaintes contre nous déjà mentionnées qui ont été faites auprès de la Comco. Après de longues investigations dans la branche, cette Autorité a conclu un accord avec nous dans lequel elle nous a autorisés à réduire la production d'ébauches et à terme même à la stopper. D'un autre côté, elle nous a demandé de produire et livrer ces ébauches quelques années de plus que ce que nous avions prévu. Par ailleurs, la Comco nous a autorisé une augmentation du prix des ébauches de 25 %. Ces 25 % ont été entre-temps confirmés par le tribunal fédéral de Lausanne auprès duquel une plainte avait été déposée contre nous. Avec cet exemple, vous voyez où sont les limites effectives de mon si grand pouvoir, comme vous dites.

L'un de vos collègues du *NZZ* m'a appelé à cette époque en me disant : « Apparemment, Swatch Group et ETA ne soupçonnaient pas que les ébauches pouvaient être une vraie mine d'or. Si on avait continué à augmenter les prix et à approvisionner toute l'industrie, il est vraisemblable que les clients n'auraient pas arrêté de se fournir auprès d'ETA qui aurait toujours été le fournisseur le meilleur marché dans ce domaine. Cela aurait été le jackpot ! » Je lui ai répondu : « Mon cher ami, il ne s'agissait que d'un chiffre d'affaires de 40 millions de francs. Je peux tripler le prix ; j'aurai alors un chiffre d'affaires de 120 millions. Mais cela ne me rapporte toujours pas autant qu'une seule marque, comme par exemple Blancpain ou Jaquet Droz, sans parler de Breguet dont le bénéfice annuel est trois fois plus important que le chiffre d'affaires que nous réalisons avec toutes les ébauches. »

Nous avons donc accepté, non sans quelques grincements de dents, la décision de la Comco. En même temps, nous étions satisfaits car, au travers de cette décision, les opérations avec les ébauches devenaient pour nous nettement plus prévisibles. Avant, chacun pouvait acheter ce qu'il voulait, quand il le voulait et autant qu'il le voulait. Ce qui veut dire que lorsque les affaires marchaient bien, on nous achetait beaucoup d'ébauches, et lorsque les affaires marchaient moins bien, nous le ressentions aussi car on nous achetait tout de suite moins d'ébauches. Mais maintenant chacun est contraint de nous acheter autant que la quantité moyenne des deux dernières années, même si ses besoins sont moindres. S'il ne le fait pas, il perd la possibilité de continuer à s'approvisionner chez nous. Celui qui est parti est vraiment parti. Aussi, j'ai obligé mes clients à prendre des quantités qui nous permettaient aussi de planifier. Auparavant, ce n'était absolument pas le cas.

Vous voilà satisfait. Il s'agissait donc d'enjeux plus importants que ce qui avait été mis en avant ?

La plupart des spécialistes horlogers avaient parfaitement compris la problématique et la majorité des sociétés importantes était de notre côté. Depuis, il y a plus de sept entreprises qui travaillent au développement de nouveaux mouvements. S'ajoute à tout cela tous les envieux dans la branche qui jubilent et qui ont l'impression d'avoir enfin pu faire un sale coup à Hayek. C'est en soi un effet secondaire positif car, vous le savez, il n'est pas bon – en particulier en Suisse – de gagner tous les matchs. Cela génère de la jalousie.

Regardez la différence de ton des journaux lorsqu'ils ont rendu compte de la décision de la Comco. Le *NZZ* écrit : « ETA, filiale du Groupe Swatch, se met d'accord avec la Comco. » C'est la vérité. « Obligation de livrer des ébauches fortement prolongée. » Ensuite le journaliste écrit ce qu'il a compris, en étant fidèle à la vérité. Seulement, pour ce qui est de la domination du marché, il n'a pas tout à fait compris. Mais, l'un dans l'autre, il s'agissait d'un article factuel. Prenons maintenant le *Tagesanzeiger*. Qu'écrit ce journal ? « La Commission de la concurrence tape sur les doigts de la filiale du Groupe Swatch. » Si vous saviez comme cela m'a fait plaisir. La plupart des envieux disent : « Ah ! enfin, Hayek s'en est pris plein la gueule. » Je veux parler de quelques horlogers, pas du grand public. Le grand public suisse n'a en effet rien contre moi. Le *Basler Zeitung* écrit : « ETA doit continuer à livrer » et puis, bien entendu, le meilleur de tous, le *Blick* : « Swatch s'est pris une veste ! » Attention, le *Blick* est un journal qui habituellement est plutôt positif envers ma personne. Mais cette fois : « Swatch s'est pris une veste ! ETA, la filiale du Groupe Swatch, doit livrer pendant encore cinq ans des ébauches pour montres mécaniques aux autres entreprises horlogères. C'est ce qu'exige d'ETA la Commission de la concurrence car elle domine le marché à 95 %. ETA ne voulait livrer que jusqu'en 2006. »

Il y a encore autre chose dont je ne vous ai pas parlé, un très bel effet secondaire pour nous : maintenant, chacun en Suisse sait que sans nous pratiquement aucune montre ne peut être fabriquée – ce, dans un marché où chacun prétend produire lui-même tout et tout seul ! Tout le monde sait aujourd'hui qu'il n'en est pas ainsi, sans que jamais j'aie eu à le dire moi-même. En même temps – et je veux le redire – cet exemple des ébauches a montré la limite du soi-disant « grand pouvoir de Nicolas G. Hayek » que vous avez si souvent mentionné.

Cela a l'air d'une nouvelle « success story ». Est-il vrai que votre succès et votre expérience ont fait qu'aujourd'hui vous n'acceptiez plus volontiers la critique ?

D'abord, qui accepte volontiers la critique ? Vous ? Votre rédacteur en chef ? Tony Blair ? Le pape ? Tout le monde réagit assez vertement face à une critique injustifiée. Je ne suis en ce sens qu'un homme ordinaire avec du bon sens. Si la critique est associée à une proposition constructive d'amélioration, je suis alors sincèrement reconnaissant. Mais si la critique se veut une arme, si elle est subjective, personnelle, blessante ou même préjudiciable à la réputation, alors je réagis comme une bête sauvage. Ce n'est pas à cause de la « success story » de Nicolas G. Hayek que je réagis ainsi ; c'est même peut-être plutôt le contraire, c'est-à-dire à cause des limites existant de fait au soi-disant pouvoir de Nicolas G. Hayek et du risque que son succès puisse être calomnié en public à tout moment par des critiques injustes ou des pharisiens.

Hayek ou Hamlet ?

Lorsqu'on vous écoute, on a l'impression que vous êtes un acteur doué et que vous passez tellement facilement d'un rôle à l'autre qu'à la fin vous croyez vous-même au rôle que vous êtes en train de jouer.

Non, je ne joue pas. Je suis comme ça. Si je jouais, si je tenais un rôle face à vous, et si j'abandonnais ce rôle dès que vous m'avez tourné le dos, quelle énorme faiblesse ce serait de ma part. Si quelqu'un est aux antipodes d'un acteur, c'est bien moi. Les acteurs évoluent dans un monde imaginaire, construit et qui n'existe pas vraiment. Derrière, il y a la réalité qui est tout autre. Mon monde, au contraire, vous le savez, est un monde réel et plein de vie. Je suis vraiment comme vous me voyez. Lorsqu'il y a plus de vingt ans, j'affirmais haut et fort que l'industrie horlogère suisse était un géant endormi qu'il fallait réveiller, beaucoup de gens se sont dit : « Ce Hayek, mon Dieu, quel comédien ! » Mais je l'ai voulu, je l'ai pu et je l'ai fait. Et lorsque je dis aujourd'hui que les automobiles sont des objets polluants qui détruisent notre environnement, lorsque je me présente à Paris devant toute la presse automobile réunie en ayant le courage de dire : « Je fais une voiture écologique ! », on dit de nouveau que tout cela serait de la comédie, qu'Hayek se mettrait en scène. Pourtant ce n'est pas de la comédie, ce n'est pas du théâtre. Pour moi, c'est éminemment sérieux.

L'acteur sait que son rôle est limité dans le temps et dans l'espace. Ce soir il joue Hamlet, mais lorsque le rideau retombe il est de nouveau Paul Trucmuche. Moi, je reste Hamlet ; c'est la différence. Je ne le joue pas, je le suis. Je ne jouerai Hamlet que si je suis aussi Hamlet. Ma vie est pleine de réalisations, pleine d'actions et nourrie par des valeurs vraies et stables. Je suis parvenu à pouvoir améliorer véritablement et durablement des destins humains et à créer de nouveaux emplois. Si, pour vous, c'est une vie de comédie et de théâtre, alors dites-moi où se trouve la réalité ?

Comment croyez-vous que vos collaborateurs vous jugent ?

Ça, il faudrait le leur demander. C'est une question très difficile pour moi. Mon entreprise est ma deuxième famille. Je crée des familles, je crée des entreprises, dans lesquelles les gens peuvent se sentir bien. Il y a certainement des gens qui me flattent, comme un Roi-Soleil des temps modernes. Et on ne dit pas au roi qu'il est un imbécile ou qu'on ne l'aime pas. On veut plutôt lui donner l'impression d'un lien affectif très fort. Mais à vrai dire, cela ne me pose pas de problème. Car même si parmi les courtisans il y a quelques pharisiens qui me jouent la comédie parce que j'ai davantage de pouvoir qu'eux, ceux qui prédominent sont ceux qui sont honnêtes avec moi. Toute personnalité célèbre est entourée de gens qui l'admirent. Et le pourcentage des gens autour de moi qui m'admirent – pas béatement, mais sincèrement – est très élevé. Mais attention ! ils connaissent aussi mes faiblesses.

Une fois, dans une interview, mon fils Nick a été questionné sur son père. Il a répondu : « Vous avez raison, mon père est un génie. Il est l'une des rares personnes capables de transposer immédiatement visions et théories en pratique et d'en faire des succès. Mais si je glorifiais mon père au point de dire qu'il était impossible de l'imiter, alors je ne pourrais pas travailler ici. » Et mon fils est très apprécié dans cette société. Il y a beaucoup de choses qu'il fait mieux que moi et il donne souvent aussi des impulsions plus rapides. Il corrige également des erreurs que je fais ou que j'ai faites. Ma secrétaire pourra vous le confirmer. Elle vous racontera que lorsque je remets pour avis à mon fils un gros dossier traitant de concepts et stratégies, il me le rend dans le délai convenu avec annotations et prise de position – et toutes les éventuelles erreurs de calcul y ont été corrigées. Mais pour revenir à votre question : je crois pouvoir dire, d'après ce que je ressens, que tant mes collaborateurs que mon fils m'apprécient.

Pourrait-on dire aussi qu'il y a des gens qui ont une sorte d'amour-haine pour Nicolas G. Hayek ? Qui ne peuvent voler de leurs propres ailes à l'ombre de cette légende ?

Je ne les connais pas. C'est possible. Mais s'ils sont proches de moi, alors ils ne me montrent que le côté amour et pas le côté haine. Il se peut qu'il y ait des gens qui m'aiment mais qui ont également l'impression que si, nom d'une pipe, je n'étais pas là, ils pourraient mieux progresser. Mais la réalité est tout autre. Il y a des centaines de gens qui, durant les cinquante dernières années, ont travaillé étroitement avec moi et occupent aujourd'hui, tant chez Swatch Group que chez Hayek Engineering ou également dans des sociétés tiers, des positions élevées. Nombreux sont ceux qui affirment que c'est auprès de moi qu'ils ont réellement appris, d'une manière si substantielle, si percutante et si différente qu'on ne peut trouver l'équivalent ailleurs. Ils me disent aussi – et cela me réjouit tout particulièrement – que je les ai tellement motivés par mon engagement et mes encouragements qu'ils ont eux-mêmes par la suite réalisé de grandes choses. Cela concerne, je l'ai dit, des centaines de personnes. Alors, même si 5 % d'entre eux ont effectivement réussi, cela fait quand même quelques douzaines d'hommes et de femmes.

Lors de nos entretiens, vous avez porté plusieurs chapeaux, mais à chaque fois vous paraissiez authentique. Vos réponses n'ont jamais été évasives. Malgré tout, se pose la question : êtes-vous un autre homme quand vous rentrez à la maison ?

Je peux vous assurer que je suis partout et chaque jour toujours le même – que je sois à la maison, au bord de ma piscine, à un grand rassemblement ou au bureau. Bien entendu, il y a certaines différences. Dans ma piscine ou ma salle de bains, même au volant de ma voiture, j'aime chanter fort. Je chante faux, mais j'y prends du plaisir. Si dans une assemblée générale du Swatch Group je me mettais à chanter à tue-tête, je pense que certains le prendraient mal. Donc, je chante uniquement quand je suis tout seul. Ceux qui me connaissent depuis des années pourront vous confirmer que je suis toujours le même en face de n'importe qui. Si quelqu'un d'autre était assis à votre place, je ne serais pas différent. Mais c'est difficile de prendre votre place : avant d'avoir confiance en quelqu'un et de pouvoir passer des heures à discuter avec lui de cette manière, il faut beaucoup de temps. Vous l'avez vous-même vécu. Il y a plus de dix ans que vous voulez écrire un livre sur moi. Vous avez vu combien c'était difficile. Mais à partir du moment où vous faites partie de mon cercle de familiers, je me comporte avec vous comme avec les autres. Demandez à qui vous voulez ici. Vous recevrez toujours la même réponse convaincue : « Il est avec vous comme il est avec nous, il est toujours lui-même, il est resté pendant toutes ces années toujours le même. Et il n'a pas dévié. » D'ailleurs, c'est exactement ce qu'a écrit récemment une journaliste dans le *Bieler Tagblatt.*

Un homme méfiant ?

C'est ce que beaucoup m'ont dit : Nicolas G. Hayek a besoin de beaucoup de temps avant de faire confiance, il est très méfiant. Est-ce lié à de mauvaises expériences que vous auriez faites ?

Chacun a cela inscrit dans ses gènes. Le bon Dieu nous a faits méfiants pour nous éviter d'être dévorés par le premier lion venu. Nous devons faire attention à nous. Je ne l'ai pas moi-même vécu, mais je l'ai constaté dans ce monde : « La raison du plus fort est toujours la meilleure. » Nous vivons cela chaque jour. Vous aussi vivez au quotidien les mensonges politiques. Également dans la presse. Je ne me méfie pas de tout un chacun, mais je ne veux pas que tout un chacun m'approche car je sais malheureusement que, sous nos latitudes, le succès acquis par soi-même déclenche très vite l'envie, le ressentiment et la joie malveillante. Il est clair que le succès de Hayek n'empêche personne de dormir.

Mais il y a des tas de gens qui se réjouissent – c'est normal et humain – lorsqu'il m'arrive de prendre une veste. Cela montre que je suis quelqu'un de tout à fait normal et cela me rend même peut-être sympathique.

Vous vous méfiez aussi des médias, n'est-ce pas ? Vous avez déjà mentionné que vous aviez fait de mauvaises expériences.

Oui, malheureusement. Mais ce qui m'afflige le plus n'est pas d'avoir fait quelques mauvaises expériences. Globalement, la presse ne m'a pas plus mal traité que n'importe quelle autre personnalité. Méfiants vis-à-vis de la presse sont aussi – à part moi – presque tous les gens intelligents, y compris ceux qui travaillent pour les médias. Du fait de mon contact quasi quotidien avec les médias, je peux vous raconter des centaines d'histoires qui justifient plus qu'il n'en faut une telle méfiance. Malgré tout, j'ai en général une très bonne relation avec les médias car je considère qu'ils sont nécessaires et absolument irremplaçables pour la démocratie. Mais ce qui m'attriste réellement, en fin de compte, ce sont les nouvelles tendances négatives de cette branche qui consistent à faire appel à tout ce qu'il y a de plus laid dans la nature humaine. De plus en plus souvent, on nous offre et on monte en épingle des affaires à sensation dans le seul but d'amener le consommateur à acheter le média concerné.

C'est une forme de marketing qui consiste, pour vendre le produit, à fabriquer des manchettes exagérées ou injustifiées. C'est répréhensible et très fâcheux. Personnellement, je me suis souvent énervé sur cette manière de rendre compte. Mais je répète ce que peut-être trop peu de gens ont le courage de dire en public : les médias sont irremplaçables, nécessaires et tout à fait intéressants. J'avais traité ce thème en 1997 dans mon discours devant l'association des patrons, le Vorort. Ce que je disais alors aux entrepreneurs suisses reste, à mon avis, toujours valable :

« Nous devons malheureusement constater que beaucoup de journalistes des domaines politique, économique et social, une fois sortis du monde scolaire et du service militaire, ne veulent plus admirer de héros. Ils ne sont plus soumis à aucune réelle autorité. Grâce à leur soudaine liberté sans limites, beaucoup par pur cynisme deviennent impertinents, irrespectueux, sciemment injustes, opportunistes, et enclins à la jalousie plutôt qu'à donner l'exemple. Ils n'acceptent plus aucun héros moral à part le gardien de but d'une équipe de football, ne sont jamais satisfaits, se réjouissent uniquement du malheur des autres et ne sont pas en mesure de regarder plus loin que le bout de leur nez, donc plus loin que la journée en cours. Comme, durant leur vie, beaucoup d'entre eux n'ont jamais rien dirigé d'autre que leur médiocre plume, ils écrivent très souvent sur des situations qu'ils ne sont même pas en mesure de comprendre compte tenu de l'explosion du savoir. »

Ce dernier point, en tout cas, l'éditeur de la plus grande chaîne de journaux en Suisse et ancien journaliste, Michael Ringier, me l'avait confirmé à l'occasion de son discours devant le Rotary-Club en 1995, lorsqu'il avait reconnu :

« Même pour un représentant de notre corporation professionnelle qui sait ce que les mots veulent dire, il n'y a pas de plus belle expression que le chiffre d'affaires. Si bien que la lutte pour le pouvoir va devenir de plus en plus une lutte pour les médias. Que les médias et le pouvoir soient imbriqués n'est pas vraiment nouveau. Transparence totale implique, de fait, savoir total et explication totale. Et c'est bien là que le journaliste se voit confronté à ses propres limites. Car le journaliste n'est pas un spécialiste d'un domaine particulier mais un spécialiste en communication. Aujourd'hui, même ceux qui sont spécialisés dans le domaine bancaire y parviennent à peine. Bonds, Futures, Soffex, Calls, Swaps... sont des choses dont on doit parler et qui doivent être comprises par tout un chacun. Il faut d'abord comprendre les faits avant de pouvoir les fausser – c'est ce qu'a martelé, un jour, Mark Twain aux journalistes. L'issue à ce dilemme est : on arrête avec la complexité des événements et des interdépendances et on se tourne massivement vers les individus comme jamais auparavant. Si les NTA (Nouvelles transversales alpines) deviennent trop compliquées, alors on écrit sur Ogi (ancien ministre des Transports) ; qui n'arrive plus à expliquer le budget fédéral se rabat sur Stich (ancien ministre des Finances) ; et par chance, il y a encore Senn et Ebner (directeurs généraux des deux banques citées ci-après) et pas seulement les activités compliquées de la SBS et de la BZ-Bank. Mais celui qui écrit sur des personnes prend une beaucoup plus grande responsabilité que lorsqu'il relate des événements ou des faits. On ne peut pas blesser ou injurier les événements, mais on peut le faire avec des êtres humains. »

Ce sont des paroles honorables et je souhaite que les médias les prennent à cœur et ne se comportent pas de manière aussi suffisante, aussi arrogante et avec une telle conscience de leur pouvoir. Cela serait bien si de temps à autre ils se remettaient en question et acceptaient également la critique ; alors seulement on pourrait les créditer d'une véritable mentalité démocratique.

Quelle heure est-il, monsieur Hayek ?

Les grands artistes ne prennent pas leur retraite à soixante-cinq ans, les grands et les véritables entrepreneurs non plus. Malgré ses soixante-dix-sept ans, Nicolas G. Hayek ne pense pas le moins du monde à s'arrêter. Il n'est pas encore prêt à se retirer de la vie publique. Essayer de mettre la pédale douce – lui qui vit de et par son travail et qui depuis des années ne va plus au cinéma, mais souvent au théâtre ou à l'opéra – est déjà extrêmement difficile. Sa tête est remplie de visions, remplie de projets et remplie d'enthousiasme juvénile. De septembre à novembre 2004, et comme il l'a toujours fait par le passé, Hayek Senior a participé aux séances difficiles, éprouvantes et quasi quotidiennes des réunions budget du Groupe. Malgré tout, le président et administrateur délégué du Swatch Group sait très bien que même lui, le roi des montres, ne peut retenir le temps, et que le temps poursuit inexorablement son cours. C'est pourquoi il a toujours considéré le temps comme un ami mais aussi comme un ennemi et, l'âge avançant, plus que jamais.

Nicolas G. Hayek aime la vie, aime les défis et aime les êtres humains. Lorsqu'on lui demande ce qu'il considère comme son plus grand succès, il répond sans la moindre hésitation que c'est sa capacité à rendre heureux ses collaboratrices et ses collaborateurs ainsi que ses clients. Lui-même est aussi certainement heureux lorsqu'il se retourne sur sa vie réussie et qu'il passe en revue le passé. Mais Nicolas G. Hayek ne déteste rien tant que l'insinuation qu'il serait temps d'établir un bilan de sa vie et d'écrire ses Mémoires. « Un jour, peut-être, O.K. ! Mais pas maintenant. J'ai encore tellement d'autres choses à faire », souligne-t-il avec la plus grande conviction depuis des années.

Quelle heure est-il dans votre vie ? Comment gérez-vous le temps ?

Pour l'inauguration de l'Expo. 02 (exposition suisse qui a lieu tous les quatre ans), on avait sollicité mon témoignage. J'avais alors écrit : « Je déteste le temps ! Parce que je ne peux pas le tenir, le saisir, l'enfermer et encore moins l'arrêter. » Mais en même temps j'aime le temps car il m'a donné et me donne tant de joie de vivre. Lamartine a écrit dans *Le Lac* : « Ô temps, suspends ton vol, et vous, heures propices, suspendez votre cours : laissez-nous savourer les rapides délices des plus beaux de nos jours. » Ceci est impossible. C'est pourquoi je hais le temps. Mais d'un autre côté, je l'aime parce qu'il m'a offert de nombreux moments où j'ai pu boire la vie goulûment, comme un homme assoiffé qui savoure avec bonheur le premier verre d'eau, et qui boit, qui boit. J'oscille entre ces deux pôles et ces deux sensations opposées.

Au bureau, vous avez souvent utilisé un tampon contenant les mots : « La rapidité est un élément important de chaque stratégie. » Pourquoi ?

Oui, c'est juste. À vrai dire, ce sont quatre tampons, en allemand, en français, en anglais et en italien Lorsqu'on me dit : dans la trente-deuxième semaine, nous croyons qu'il sera possible à monsieur Dupont de vous livrer un outil ou de discuter avec vous car d'ici là il doit partir en vacances et a autre chose à faire, alors j'utilise ce tampon et réponds en caractères rouges : « La rapidité est un élément important de toute stratégie. » Dans notre société industrielle moderne, le temps est un facteur déterminant. Mais tant qu'on est jeune, on n'en a pas conscience. Lorsqu'on est jeune, on a l'impression que vieillir est très, très loin et que l'on a encore de nombreuses années intéressantes devant soi. Mais plus on devient vieux, plus le temps prend de la valeur. Et lorsqu'on atteint soixante-quinze ou quatre-vingts ans, alors on reconnaît soudain que le temps, en réalité, est un bien incroyablement précieux, d'une valeur inestimable.

Je suis maintenant dans cette situation, mais j'ai beaucoup de chance. Il y a deux choses qui fonctionnent sans problèmes chez moi : mon esprit et mon corps. Je me sens encore jeune dans ma tête, et je le suis vraisemblablement aussi. Récemment, nous avons eu une discussion sur la nouvelle campagne publicitaire pour la Swatch. Beaucoup de gens d'âges très différents y participaient. J'ai été frappé par le fait que ceux qui avaient dépassé la quarantaine avaient souvent de la peine à comprendre les propositions des plus jeunes, leur approche et leur mode de réflexion. Ce n'était pas mon cas. J'étais complètement du côté des jeunes, ce qui a fait dire sur le ton de la boutade à l'un d'entre eux : « Monsieur Hayek et nous, nous appartenons à la même génération, nous nous comprenons. »

La deuxième chose, c'est le corps. Vous pouvez être jeune dans votre tête mais avoir un corps malade ou usé. Ce n'est pas mon cas. Je dois vraiment être reconnaissant car j'ai une santé excellente et une vitalité incroyable. Peut-être est-ce dû au fait que dans ma vie je n'ai jamais eu de vices comme l'excès d'alcool ou la surconsommation de médicaments. Heureusement.

Ce qui me surprend, c'est l'engagement que vous manifestez encore dans les réunions budget. Vous ne pourriez pas prendre tout cela un peu plus à la légère ou du moins laisser ce champ entièrement à votre fils ?

Mon fils Nick dirige la société avec les membres de sa direction générale, et il la dirige très bien. Il n'y a aucun doute à ce sujet. Nick donne à l'entreprise énormément de nouvelles impulsions. Mais vous semblez oublier que je suis président et administrateur délégué de ce Groupe. Cette responsabilité implique de fait aussi des devoirs. Sinon je mériterais, au même titre que l'ancien conseil d'administration de Swissair, de vives critiques de la part des médias. Selon les statuts de la société et d'après la loi, le budget doit être approuvé par le conseil d'administration. Je ne suis pas le type qui approuve un budget sans savoir exactement ce qu'il contient et sans en avoir discuté tous les détails importants. Il y a aussi une chose qu'il ne faut pas oublier : durant deux décennies, nous avons toujours, toujours, toujours fait des bénéfices – de véritables bénéfices, des bénéfices en augmentation – et jamais aucune dette. L'élaboration budgétaire chez Swatch Group est donc quelque chose de particulièrement important. Au fil des années, j'ai mis en place l'organisation suivante : les budgets sont établis de manière individuelle par chaque unité, par exemple chaque marque de montres ; ensuite, ils sont transmis à la direction du Groupe et y sont discutés en commun. Pour une marque importante nous avons besoin parfois de toute une journée pour évaluer et discuter tous les points clés – il peut s'agir de centaines de points. C'est pourquoi tout l'exercice prend deux mois de travail. Mais c'est seulement de cette façon que je peux effectivement comprendre les présentations budgétaires. Des chiffres « nus » ne me serviraient pas à grand-chose.

C'est un premier point. L'autre point, c'est que, à la demande de mon fils ainsi que du conseil d'administration, je suis toujours le dirigeant opérationnel de la marque Breguet. Breguet est un joyau, un énorme joyau, qui se développe incroyablement bien. Nous sommes tous fiers de Breguet. Nous avons acheté cette marque alors qu'elle faisait très peu de chiffre d'affaires et maintenant, au bout de quatre ans environ, le chiffre d'affaires a été multiplié par dix et le bénéfice par trente. Et la croissance se poursuit toujours au même rythme. En tant que responsable de Breguet, il est essentiel que je participe aux négociations budgétaires car je porte l'entière responsabilité. Par ailleurs, je suis également coach auprès de la marque Swatch et suis toujours président de son conseil d'administration. Je remplis également des tâches importantes dans le secteur ingénierie générale du Groupe, car il n'y a personne d'autre dans le Swatch Group qui soit à même de raisonner en profondeur en combinant savoir technique et savoir-faire marketing. Bien entendu, je m'efforce de transmettre mon savoir. Mais cela ne se fait pas du jour au lendemain. Prenez les séances de discussion des budgets. Elles sont depuis longtemps conduites par mon fils. Je ne fais qu'y assister, je le laisse parler et j'écoute. Mais s'il y a quelque chose d'important à dire, j'exprime sans ambiguïté mon point de vue en tant que président du conseil d'administration qui doit approuver cette position.

« Ça va aussi sans moi »

Bien entendu. Il faut que cela aille et cela ira. On m'avait déjà dit avec ma société de conseil que celle-ci ne pourrait pas survivre sans moi. Lorsque j'ai repris en 1985 la direction de l'industrie horlogère, il a effectivement régné chez Hayek Engineering pendant quelque temps une ambiance de fin du monde. Mes collaborateurs avaient peur de continuer à diriger l'entreprise sans ma participation active. Nous avons alors longuement discuté puis nous avons voté. En fin de compte, nos directeurs étaient d'accord – mais seulement à la majorité plus une voix – pour que je reprenne la direction de l'industrie horlogère. Mais, à vrai dire, je ne me suis jamais complètement retiré de ma société de conseil, même si je sais que Hayek Engineering peut continuer à travailler et à fonctionner sans moi. Autre chose : votre question est le reflet d'une mentalité nouvelle, regrettable et pas très réfléchie qui sévit dans la société et qui veut que l'application au travail ne soit plus une vertu mais un vice. Cela vaut tout particulièrement pour les gens de plus de soixante ans et celui qui, à cet âge, est encore infatigablement assidu au travail devrait, d'après cette mentalité, avoir honte. Un tel état d'esprit est pour moi lamentable.

Votre fils transmet-il cette chaleur humaine et cette affectivité auxquelles vous attachez tellement d'importance ?

Je le crois car il est très chaleureux. Dans notre famille, la chaleur humaine est très importante. Peut-être mon épouse, en tant que Suissesse, ne l'exprime-t-elle pas de manière aussi visible et spontanée que je le fais. Elle est plutôt le type nordique et moi le méditerranéen, mais elle est tout aussi chaleureuse. Nos enfants nous ont vus vivre tous les deux et ont vraisemblablement pris de chacun de nous quelque chose. Je me souviens, il y a de nombreuses années, d'avoir invité plein de monde dans notre maison de vacances au Cap-d'Antibes. Je vois mon fils, assis à l'écart, assez triste, qui regardait tout ce beau monde. Je le rejoins et il me dit : « À vrai dire, je ne veux pas retourner à Saint-Gall pour y terminer mes études en sciences économiques. Je préférerais faire des films et pour cela aller à Paris. » Et je lui ai répondu : « Si tu en es sûr. C'est ta décision. C'est ta vie. » Je ne voulais pas m'en mêler. Je n'ai jamais essayé d'intervenir dans la vie de mes enfants ou de les influencer pour qu'ils fassent autre chose que ce qu'ils voulaient. Mon épouse s'est comportée exactement de la même manière. Elle aime les enfants par-dessus tout, et les nôtres aussi il va de soi. Mais si, par exemple, elle voit à la télévision qu'un enfant est tué dans un pays en guerre, elle me fait tout de suite des reproches. Elle prétend que je suis coresponsable, que je dois en tant qu'homme influent mettre tout en œuvre pour que la paix règne dans ce monde et que les gens arrêtent enfin de se combattre ou de se faire la guerre. Mon épouse est toujours très touchée personnellement par de telles informations.

Le rêve de la Swatchmobil

Ces dernières années, vous vous êtes beaucoup engagé dans les questions d'environnement. Votre souhait de construire un véhicule véritablement écologique n'a jusqu'à présent toujours pas été réalisé. Est-ce que cela tient aussi au fait que l'on ne peut pas transposer aisément l'idée de la Swatch à d'autres produits ?

On aurait pu en tout cas le faire avec une voiture. Une Swatchmobil serait un produit affectif, un peu comme une montre – donc union de la beauté et de l'utilité. C'est pourquoi le concept Swatch pourrait être appliqué à l'automobile et également à quelques autres produits. Mais, par exemple, on ne peut pas fabriquer en grande série des hôtels ou des maisons comme on le fait avec les montres ou les voitures. Une maison est un concept individuel. On a besoin d'un terrain constructible, d'un permis de construire et enfin d'un architecte qui connaît très bien les conditions et réglementations locales. Une montre ou une voiture, au contraire, on peut les produire et les vendre partout dans le monde aux mêmes conditions. Donc une voiture écologique aurait été tout à fait possible.

Il serait même grand temps de lancer un tel produit sur le marché. Je suis en effet intimement persuadé que nous, les humains, sur notre minuscule planète, n'avons pas le moindre poids dans l'univers. Souvent j'ai même l'impression que nous n'avons non seulement aucun poids, mais aussi aucune sagesse. Nous sommes en train, avec une grande intensité et une grande brutalité, de détruire cette Terre fantastique, notre espace vital, notre vaisseau spatial dans l'univers. Les premiers effets de cette destruction se font déjà sérieusement ressentir : changements climatiques, fonte de la calotte glaciaire, recul des glaciers et ce trou toujours plus grand dans la couche d'ozone. Autant de raisons de s'alarmer.

Si l'on veut, en tant que Terrien responsable, entreprendre quelque chose pour contrer cette évolution, il faut se demander comment on peut influer compte tenu de ses propres possibilités. Pour moi, une opportunité s'est présentée avec l'industrie automobile que je connais bien et où j'ai de nombreux amis et connaissances. Je me suis dit que c'était mon devoir en tant qu'entrepreneur d'agir et de bousculer cette industrie afin qu'un véhicule vraiment écologique arrive sur le marché. J'ai alors commencé à actionner mes antennes mais je me suis vite rendu compte que ce n'était pas moi, le monsieur Hayek de l'industrie horlogère, qu'on attendait.

Lorsque vous êtes à la tête d'un groupe automobile, vous êtes un homme important et puissant. Vous ne parlez plus aux gens normaux car, quand même, vous touchez un salaire qui se chiffre en millions et, si vous n'avez pas fait de faute majeure, il y a dans vingt ans une retraite de x millions qui vous attend. Vous auriez dû voir ce que j'ai vécu en tant que conseil. Ces hommes à la tête de l'industrie automobile sont réellement redoutés. Dès que l'un d'eux siffle, il y a tout un escadron de sous-fifres qui se précipite. Même s'ils mettent en scène la plus grande stupidité, on les traite comme des demi-dieux.

Qu'il soit rare que l'un de ces messieurs ose s'attaquer à quelque chose de vraiment nouveau est dû à deux raisons. Premièrement, l'automobile est de loin un des produits de masse les plus difficiles à réaliser. Une voiture doit fonctionner et être sûre, et ce, durant de nombreuses années. Elle ne doit pas seulement pouvoir rouler sur les autoroutes et routes d'Europe, mais aussi sur les pistes défoncées du Pakistan et de l'Afghanistan. Elle doit fonctionner aussi bien sur la Riviera italienne et dans la savane du Sénégal que sur les hauts plateaux boliviens et les contrées glacées du Canada. De plus, une voiture ne peut avoir le moindre défaut de fabrication qui pourrait représenter un danger pour l'homme. De telles exigences font que l'industrie automobile s'accroche obstinément à ce qui est connu et éprouvé – en tout cas aussi longtemps qu'elle ne dispose pas de la garantie totale que quelque chose de nouveau fonctionne impeccablement avec toute la sécurité nécessaire. Mais jusqu'à ce qu'une nouveauté soit arrivée à ce stade, il s'écoule quelque vingt années, si ce n'est plus. Chaque modification doit être essayée, testée et contrôlée pendant des années. Sinon le fabricant automobile est menacé de vouloir prendre un risque non calculé qui peut, dans certaines conditions, lui coûter extrêmement cher et lui être fatal.

Deuxièmement, il manque toute incitation à innover. En effet, pourquoi un homme si puissant, financièrement si bien loti, avec un avenir radieux devant lui, prendrait-il un risque dont personne ne peut lui prédire l'issue ? Il préfère rester dans le traditionnel, apporter de petits changements aux roues ou aux moteurs, ne pas déroger à ce qui est vraiment sûr et a été éprouvé pendant des années. Mais si l'on veut réellement frapper un grand coup, on a besoin d'un véritable entrepreneur et non d'un manager du type de ceux que l'on trouve aujourd'hui dans les plus hautes sphères de l'industrie automobile. Il faut quelqu'un qui se dise : « Je suis prêt à risquer beaucoup car c'est nécessaire, c'est indispensable pour le bien de l'humanité et pour la survie à long terme de notre planète. » Des gens comme cela n'existent pas en nombre.

J'étais passablement affligé et je suis donc arrivé à la conclusion que l'on ne pouvait et que l'on ne devait rien attendre de vraiment nouveau des patrons actuels de l'industrie automobile. Je me suis alors dit : « Maintenant tu vas secouer ce petit monde et le réveiller ! » Mais pour ce faire, il fallait que je dispose de quelque chose qui provoque une sorte de choc psychologique, pas un véhicule de propagande quelconque. C'est pourquoi nous avons tout d'abord développé avec l'école d'ingénieurs de Bienne un véhicule écologique que nous avons baptisé « The Spirit of Biel » et aussi « Swatchmobil ». C'était un véhicule équipé de quatre moteurs électriques mais qui fonctionnait essentiellement à l'énergie solaire. Avec ce véhicule, nous avons d'ailleurs remporté à plusieurs reprises des courses de véhicules solaires réputées en Australie. Tous les grands de l'industrie automobile – européens, américains et même japonais – nous ont félicités. Mais, pour un véhicule fiable qui roule de jour comme de nuit, l'énergie solaire est encore inadaptée car il faudrait disposer d'immenses surfaces d'ensoleillement. Nous avons donc ajouté à notre véhicule un petit moteur diesel ou à essence couplé à un générateur qui produisait du courant. À vrai dire, un dispositif comme celui que nous avons sur nos vélos pour alimenter le phare, une dynamo. C'est un processus physique très simple et de notoriété publique. Ce courant était dirigé sur les quatre roues où étaient installés les moteurs électriques. Et là, surprise : nous avions une fantastique voiture avec une consommation d'essence extrêmement réduite du fait qu'à chaque arrêt prolongé – par exemple à un feu rouge – le courant était automatiquement coupé. Nous pouvions aussi prouver que cette voiture nécessitait seulement 60 à 70 % de l'énergie consommée par les véhicules conventionnels à faible consommation d'énergie. Nous avions donc un véritable prototype vraiment unique.

Nous avons des films qui montrent comment cette Swatchmobil est testée sur la piste d'essai de Volkswagen au sud du Pôle nord. On l'a arrêtée sur une forte pente verglacée et elle ne recule pas d'un centimètre. Elle a monté sans aucun problème cette pente, là où d'autres voitures à quatre roues motrices échouaient. Ensuite on l'a prise sur une piste complètement verglacée. La plupart des autres véhicules qui faisaient le test, même ceux à quatre roues motrices et ceux équipés de pneus à clous, ont à un moment ou un autre fait des tête-à-queue ; la Swatchmobil a pour sa part fait tranquillement et sans problème ses tours de piste grâce à sa très bonne tenue de route. Nous avons été nous-mêmes très impressionnés. C'était une super-voiture de grande qualité, ce qui légitimait qu'on puisse lui donner le nom Swatch. C'est pourquoi j'ai eu le courage d'expliquer lors d'une conférence de presse au salon de l'automobile à Paris que j'allais faire une voiture écologique même si je n'avais pas encore de partenaire prêt à produire ce véhicule avec nous. La presse française était suspendue à mes lèvres et en a fait toute une histoire : « Nicolas G. Hayek vient de lancer la Swatchmobil. »

À partir de la France, la nouvelle se répandit en Suisse et en Allemagne avec le résultat qu'un jour, sans crier gare, Daniel Goeudevert vint me trouver. Il était à l'époque le numéro deux de Volkswagen et devait bientôt remplacer

Carl Hahn en tant que président du directoire. Hahn était une vieille connaissance car j'avais, en son temps, élaboré de nombreux concepts stratégiques et industriels pour Tony Schmücker et l'ensemble du directoire de VW. Hayek Engineering avait aussi planifié des usines pour Audi et assuré le management de projet pour la réalisation et la construction de ces usines. Toujours est-il que Goeudevert me dit : « Écoute, nous allons créer une société en commun pour faire avancer la Swatchmobil. » Et c'est ainsi que fut créée à Bienne la SMH/Volkswagen AG. Lorsque l'information a été communiquée dans la presse et à la télévision, certaines de mes collaboratrices ont pleuré d'émotion. Peu après, Volkswagen a envoyé ses développeurs et ingénieurs en chef à Bienne, qui ont travaillé avec nos électroniciens. Ce que nous faisions là n'avait rien de facile, car une voiture qui dépend de quatre roues électriques est un système très dangereux qu'on ne peut construire sans problèmes.

Lorsque vous roulez sur une route normale avec quatre roues et que vous freinez sur du verglas, s'il n'y a que deux roues qui freinent sur la glace, votre voiture fait immanquablement un tête-à-queue. Il suffit d'un centième de seconde pour provoquer un accident grave. Nous avions résolu ce problème avec un cerveau électronique qui stoppait immédiatement et au bon moment toutes les roues. C'était un développement unique et une technologie qui enthousiasmait les gens de VW. Le travail progressait et tout le monde était confiant jusqu'au jour où, contre toute attente, le conseil de surveillance de VW décida de nommer Ferdinand Piëch, et non Daniel Goeudevert, à la tête du groupe. Daniel Goeudevert partit peu de temps après. Piëch était un admirateur de la montre Swatch, mais pas de la voiture. Pour lui, l'humanité était séparée en deux catégories : les constructeurs de voitures et les non-constructeurs. Alors, très vite, il a dit que

Goeudevert n'avait jamais construit de voiture et que, de ce fait, il n'était pas compétent pour notre projet.

Les stratégies de monsieur Piëch pour notre Swatchmobil se révélèrent rapidement tout à fait différentes, aussi bien concernant nos accords avec VW que concernant, plus particulièrement, la participation de 50 % des Allemands dans SMH/Volkswagen AG. Nous ne sommes pas parvenus à trouver un accord et nous nous sommes séparés rapidement. Nous nous sommes alors retrouvés de nouveau seuls avec notre concept Swatchmobil. Je sentais que ce n'était pas une bonne chose et c'est pourquoi j'ai tout de suite repris des contacts tous azimuts, avec General Motors, avec Renault, avec Fiat, bref avec tout ce qui compte dans l'industrie automobile. Il n'y a pratiquement pas un constructeur automobile en Europe et aux États-Unis qui n'ait parlé avec nous, ne nous ait rendu visite ou même n'ait entamé des négociations.

Mercedes monte à bord

Mercedes Benz a toutefois été le plus rapide. Et je me suis laissé prendre de vitesse en acceptant une participation de Mercedes à hauteur de 51 %. Nous avons alors créé ensemble une société dénommée Micro Compact Car (MCC) à Bienne. Notre part était de 49 %. Ce qui signifiait que, pour tous les sujets, Mercedes avait toujours le dernier mot. Le contrat spécifiait très exactement les voitures que nous voulions construire ensemble. Il était assorti d'un business plan détaillé qui précisait notamment le prix public de la voiture et le niveau du chiffre d'affaires à atteindre. Pour ce joint-venture il y avait une présidence tournante de deux années. Les deux premières années, je fus le président du conseil d'administration, les deux années suivantes ce fut l'ancien patron de Mercedes Helmut Werner, puis ce fut de nouveau moi pour deux ans. Dans le conseil d'administration de MCC siégeaient, de la part du Swatch Group, notre directeur financier Edgar Geiser, le directeur d'ETA Anton Bally ainsi que mon fils Nick, à l'époque chef marketing Swatch. Notre expert juridique et membre de la direction générale du Groupe Hanspeter Rentsch était le secrétaire du conseil d'administration.

Nous transmettions à Mercedes notre savoir-faire dans le domaine de l'électronique mais aussi notre savoir en matière de design, d'esthétique et de marketing. En contrepartie, ils nous transmettaient leur savoir-faire technique dans le domaine de la construction automobile. Mais dès les six premiers mois, je me suis querellé avec Mercedes, par exemple au sujet du prix public du véhicule. À l'origine nous avions prévu de commercialiser la voiture à 7 000 euros maximum, prix que nous avions calculé avec Mercedes Benz. Mais ils n'arrivaient pas à tenir cette prévision. Dès le départ, Mercedes a insisté pour, dans un premier temps, produire une petite voiture conventionnelle – ils voulaient à tout prix pénétrer le segment d'entrée de gamme du marché automobile et ne pas être uniquement présents dans le segment haut de gamme – puis, dans un deuxième temps, produire une version écologique de ce véhicule ou la Swatchmobil.

Mais avec le temps, les gens de Mercedes ont tout simplement oublié la deuxième voiture et se sont exclusivement concentrés sur la première. Nous avons ensuite construit une usine en France, à Hambach, à la frontière de la Sarre. Sous la direction de projet de Hayek Engineering, une très belle usine a été réalisée avec des concepts révolutionnaires. Lors de l'inauguration, le Président Jacques Chirac et le Chancelier Helmut Kohl étaient présents. En public, dans son discours, Jacques Chirac me complimenta de manière très élogieuse, estimant que grâce à ce projet j'entrais dans l'histoire économique de l'Europe. Les Français, c'est bien connu, sont toujours friands de belle éloquence.

Fin amère

À ce moment-là, personne ne savait que le pire était devant nous. Quelques semaines seulement après la fête officielle d'inauguration, nous avons en effet dû constater que la voiture présentait encore toute une série d'insuffisances dont certaines étaient même déterminantes. Vous vous souvenez ? La voiture s'est retournée et est tombée lors du test de l'élan. Il y avait encore plein d'autres petits manquements et maladies de jeunesse. Mercedes vint alors me trouver en m'expliquant que des investissements supplémentaires considérables étaient nécessaires pour remédier une fois pour toutes à tous ces défauts. J'ai alors répondu que je n'étais prêt en aucune façon à poursuivre la collaboration et à injecter des capitaux supplémentaires. C'est la raison pour laquelle j'ai vendu nos actions MCC aux Allemands. Nous nous sommes séparés en bons termes. Mercedes nous a aussi payé un montant à deux chiffres en millions pour les travaux de développement que nous avions réalisés pour la Smart. La volonté de Stuttgart de construire une Swatchmobil hybride est depuis fortement retombée. Il est vrai que j'entends toujours : « Oui, nous ferons cela l'année prochaine », mais je n'y crois plus depuis longtemps. D'après ce que je sais, Mercedes a récemment essayé de faire une autre voiture écologique et cela n'a apparemment pas marché. Pour notre part, nous avons continué nos travaux au ralenti et avons même érigé un petit musée à Granges. Maintenant, nous attendons avec plus ou moins de patience de trouver peut-être encore le bon partenaire.

L'industrie automobile n'est pas extrêmement pressée de faire quelque chose de vraiment nouveau. Le faire en solo, je n'aurais rien contre. Mais c'est une illusion. Lancer une voiture sous le nom Swatch sans avoir le système international de distribution, de réparation et de service indispensable qui va avec, comme c'est le cas pour tout véhicule, reviendrait à se faire hara-kiri. C'est beaucoup trop dangereux, même pour un entrepreneur comme moi qui suis prêt à prendre des risques. Bien que nous soyons en pourparlers avec certains partenaires potentiels importants et sérieusement intéressés, quelques années peuvent encore s'écouler jusqu'à ce que nous parvenions à un accord.

Le problème n'est pas de construire la voiture. Le véritable problème, c'est de trouver le bon partenaire automobile prêt à supporter le risque. Si nous arrivions enfin à faire ce pas, cela serait sans aucun doute un grand progrès et une chose positive. Pour réaliser un tel projet, il faut que quelqu'un s'investisse qui ait à la fois des idéaux et suffisamment de pouvoir, sans quoi cela ne peut pas marcher. Il faut une vraie volonté d'innover. Et c'est exactement ce qui manque souvent dans l'industrie automobile. Au lieu de fabriquer une voiture révolutionnaire, on construit un modèle qui n'apporte rien de nouveau en Roumanie parce que la main-d'œuvre y est meilleur marché. C'est tragique.

L'un des dirigeants de Mercedes m'a raconté la manière dont on jugeait notre projet Swatchmobil : « Si ça tourne mal, ma réputation est fichue et de toute manière j'ai des soucis professionnels en ce moment. Et si ça réussit, personne ne reconnaîtra ce que j'ai fait et tout le monde dira : c'est un produit Hayek. » Mais, voyez-vous, le véritable entrepreneur n'est pas forcément le type qui veut toujours se mettre en avant. Il n'attend pas qu'on fasse son éloge en permanence. Il attend simplement qu'on reconnaisse l'ensemble de son travail. Chez MCC, c'était typique. Je ne voulais pas être constamment sur le devant de la scène, mais je voulais que la voiture écologique se fasse. Il ne s'agissait pas de savoir si Mercedes Benz était plus grand que nous, car n'importe quel partenaire de l'industrie automobile aurait été plus grand que nous, mais il s'agissait du fait qu'avec Mercedes Benz nous étions tombés sur un partenaire qui n'avait pas l'habitude de contrôler strictement ses coûts. Cela a été une erreur de ma part. Nous sommes passés à côté d'une grande chance. Si, maintenant, les Japonais qui progressent sensiblement au plan de la recherche sortent bientôt une voiture écologique plus avancée, qui fonctionne bien et qui offre un aussi bon rapport qualité-prix que la Swatch, eh bien toute l'industrie automobile européenne et américaine se trouvera dans de grosses difficultés – semblables à celles de l'industrie horlogère suisse il y a près de trente ans.

La Swatchmobil reste pour vous toujours une vision et elle continue d'être une mission sur laquelle vous travaillez. Mais pour lancer une nouvelle voiture, il faut des investissements colossaux, n'est-ce pas ?

Je réponds aux deux questions par l'affirmative. Oui, et encore oui. Bien entendu, il y a beaucoup de gens qui me disent : « Tu es fou. Tu n'y arriveras jamais. Tu ne peux pas forcer les choses. L'industrie automobile est beaucoup trop puissante. » Mais de tels propos me laissent froid. Depuis l'âge de quinze ans, j'ai toujours entendu dire que les choses n'étaient pas possibles, que je n'arriverais jamais à faire ceci ou cela, que je n'étais qu'un incorrigible optimiste. Peut-être le suis-je vraiment. Que croyez-vous que j'ai entendu lorsque je m'apprêtais à acheter la majorité de ASUAG et SSIH ? Même certains de mes plus proches collaborateurs m'ont supplié de ne pas y toucher : « Mais, monsieur Hayek, pourquoi est-ce que vous avez besoin de cela ? Ne vous y risquez surtout pas, ça va de toute manière mal tourner ! » Ils tenaient de tels propos négatifs alors que nous avions réalisé ensemble l'analyse de l'industrie horlogère et que, de ce fait, nous pouvions nous faire une assez bonne idée de l'issue heureuse que pourrait avoir une telle aventure si nous avions un peu de chance et beaucoup de détermination.

Pour ce qui concerne les capitaux, vous avez bien entendu raison. Des investissements très élevés sont nécessaires. Mais vous devez comprendre une chose : lorsque vous avez atteint ma position et que vous avez une mentalité d'entrepreneur, l'argent ne joue qu'un rôle en liaison avec un objectif à atteindre. Il n'est qu'un instrument de travail important. Si vous voulez construire un gratte-ciel et que vous avez besoin d'une énorme grue, la grue comparée à la taille de votre gratte-ciel ne sera qu'une petite grue. C'est pareil... par contre dépenser dix francs pour un paquet de cigarettes, même pour moi c'est beaucoup d'argent.

Investisseurs visionnaires recherchés

De la même manière, pour vouloir lancer une voiture, il faut être bien conscient qu'il faut lâcher un ou deux milliards de francs. Un tel investissement bénéficie d'aides de l'État. La France, par exemple, s'était généreusement associée au projet Smart à condition que nous produisions en France. Les Allemands aussi étaient prêts à apporter un soutien financier, de même que les Tchèques, les Italiens et tous les Européens – à une seule exception près peut-être : la Suisse. Notre pays n'est pas du tout en mesure, compte tenu de ses structures politiques, d'accorder de telles aides directes. Mais maintenant ce n'est pas du tout le sujet. En revanche, ce qui est clair, c'est que nous, chez Swatch Group, avec les montres en tant que *core business* (c'est-à-dire le noyau central de nos activités), nous ne nous sentons absolument pas justifiés et habilités à opérer de tels investissements ou de nous y associer. C'est pourquoi nous n'investirons pas le moindre franc dans un éventuel futur partenariat et nous n'interviendrons que comme conseil ou fournisseur de licence.

Vous avez dit que votre plus grande erreur a été d'avoir collaboré avec Mercedes. Avec du recul et concernant l'industrie horlogère, n'était-ce pas une aussi grande erreur d'avoir acheté auprès des banques seulement 51 % de ASUAG et SSIH et non 100 % ?

Oui et non. Vous savez, pour moi, le risque avec l'industrie horlogère était beaucoup plus grand qu'avec MCC où la moitié de la responsabilité et du risque était tout de même supportée par un grand groupe comme Mercedes Benz. Par ailleurs, avec la SMH, il s'agissait directement de mon argent personnel et de ma responsabilité de direction à moi tout seul. Ce qui était différent dans le cas de Smart, puisque c'était l'argent du Swatch Group qui était en jeu. Ce Groupe avait et a toujours infiniment plus d'argent que je n'en possédais au milieu des années quatre-vingt. Bien sûr, avec le recul, il m'est arrivé plus d'une fois de regretter de m'être contenté de 51 % du capital. Mais déjà à l'époque j'étais un entrepreneur et pas un financier. J'attachais beaucoup plus d'attention et d'importance au développement produit, à la production industrielle, à la logistique, au marketing et surtout à la préservation des emplois qu'à la question de la répartition du capital. La seule chose qui me tenait déjà vraiment à cœur était de trouver des investisseurs industriels à long terme qui ne revendraient pas leurs actions à la première occasion. C'est pourquoi j'ai fait signer à tous les investisseurs suisses un contrat dans lequel ils confirmaient que le projet SMH représentait pour eux aussi un engagement industriel à long terme et qu'ils ne revendraient pas leurs titres si le cours de l'action grimpait de 10 ou 20 %

– mais, pour être franc, nous n'avions alors jamais envisagé une telle progression. La situation de l'industrie horlogère était beaucoup trop précaire.

Après coup, on est toujours plus intelligent. Avec le recul, je peux bien entendu dire que j'aurais dû tout acheter moi-même dans l'intérêt de la pérennité de l'entreprise. Ce serait aujourd'hui pour moi beaucoup plus facile pour sortir de la Bourse. Car, voyez-vous, la Bourse, à mon avis, est devenue depuis peu une véritable entrave pour de nombreuses entreprises. Elle s'est en partie transformée en un terrain de jeu pour des spéculateurs anti-industrie qui sont à l'affût de gains à court terme et ne gardent leurs actions que quelques mois en moyenne. C'est très regrettable car les véritables entrepreneurs réfléchissent et agissent dans le long terme. J'espère qu'un jour la Bourse pourra rompre avec cette vision à court terme de l'industrie. Si l'impulsion pour un tel changement, qui selon moi est très urgent, ne vient pas de l'intérieur, il y aura alors une pression extérieure sur la Bourse. Et encore autre chose : la Bourse est en train de muter en une génératrice à grande échelle de normes et d'obstacles qui bloquent tout véritable développement entrepreneurial !

Si ces propos vous surprennent, laissez-moi vous expliquer quelque chose. Je collabore actuellement à une étude dans le cadre d'un High Level Group de l'Union européenne. Je suis le seul citoyen n'appartenant pas à l'Union qui participe à ce groupe. Nous préparons des dossiers pour le nouveau commissaire européen. Les professeurs d'université dans ce groupe – et ils sont nombreux – proposent tout un tas de modifications concrètes et ils demandent avant tout davantage d'argent pour la recherche et l'innovation. Cela peut sûrement être utile mais, de mon côté, j'ai engagé une tout autre réflexion.

À mes yeux, en effet, en Europe nous sommes en train

de tuer le métier d'entrepreneur, de vraiment le tuer. Chez nous, plus personne ne veut devenir entrepreneur car la réputation de l'entrepreneur est de plus en plus mauvaise. Une grande partie de l'opinion, et aussi malheureusement presque toute la presse, est d'avis que chaque entrepreneur vole et trompe à tout-va. C'est pourquoi il y a une demande de contrôle encore plus stricte des sociétés cotées en Bourse, comme c'est par exemple déjà le cas aux États-Unis. Mais n'est-ce pas ironique ? C'est justement aux États-Unis que se sont produits les plus grands scandales ces dernières années malgré tous les contrôles. Et ce n'est rien de moins que le big boss de la Bourse de New York, qui devait avoir l'œil sur tout le monde, qui a lui-même encaissé comme salaire quelque 300 millions de dollars ! Alors qu'il était le pape, le rabbin, qui devait apprendre l'honnêteté à tous les autres. D'après les dernières informations, il doit restituer au moins 100 millions de dollars.

Prétendre que les entrepreneurs sont des gens qui ne font qu'arnaquer – parce que quelques managers isolés se sont comportés incorrectement – est archi-faux. Imaginons : hier, un automobiliste irresponsable a provoqué un accident sur l'autoroute de Hambourg qui a causé la mort de dix personnes. À partir de là, il devient évident pour tout le monde que les automobilistes sont tous des irresponsables ! Alors, pour éviter qu'un tel drame ne se reproduise, plus personne ne peut plus conduire librement, on installe partout des obstacles contraignants... avec comme résultat qu'un jour ou l'autre, les gens en ont assez et arrêtent de conduire ou vont dans un autre pays où ils peuvent le faire. Ou prenons l'exemple du service de santé : si, pour les mêmes raisons que pour les entrepreneurs, nous supprimons pratiquement tous les médecins et les remplaçons par des infirmiers, nous ne pourrons plus garantir une santé publique acceptable. C'est exactement ce que nous avons fait avec les entrepreneurs. Et maintenant tous se plaignent que la conjoncture soit défavorable.

L'entrepreneur au banc des accusés

Malgré tout, on exige aussi chez nous toujours plus de *Corporate Governance.* Mais que faisons-nous vraiment avec cette prétendue *Corporate Governance* ? Je vous donne un exemple absurde que j'ai déjà utilisé dans le High Level Group évoqué précédemment. C'est vraiment un exemple absurde : vous possédez une voiture avec laquelle vous voulez partir en vacances au bord de la mer avec votre famille. La vitesse maximum sur l'autoroute étant limitée à 120 km/heure, vous faites attention de ne pas la dépasser. Sur recommandation de la police, vous avez même fait installer un appareil qui vous en empêche. Mais la police vous dit que tout cela ne suffit pas et qu'il faut que quelqu'un d'indépendant vous accompagne pendant tout le trajet et note scrupuleusement les itinéraires et routes que vous avez empruntés et la vitesse à laquelle vous avez roulé sur chaque tronçon. Si jamais vous vous risquez à dire : « Vous ne parlez pas sérieusement ? », alors tous les policiers répondent en chœur comme un seul homme : « Si, bien sûr ! *Governance ! Governance !* »

Pourquoi on est-on arrivé là ? Il s'est en fait produit un changement fondamental dans nos valeurs depuis qu'on a réalisé, comme par exemple dans le cas de la société Enron, qu'il pouvait exister des malversations et des escroqueries énormes, incroyables, et que des membres haut placés et considérés d'une direction générale pouvaient se comporter de manière absolument criminelle et s'enrichir sans scrupules. Alors que jusqu'à présent, chez nous en Europe, le principe était que chacun est honnête aussi longtemps que l'on n'a pu prouver qu'il est un criminel, c'est maintenant de plus en plus souvent le contraire qui est insinué : chacun est a priori considéré comme un criminel aussi longtemps qu'il n'a pas prouvé qu'il ne l'était pas. Et ceci est particulièrement valable pour tout entrepreneur, tout simplement parce que quelques douzaines de managers, une toute petite minorité de 0,5 %, se sont révélés particulièrement malhonnêtes.

Donc, pour revenir à notre histoire, il faut qu'une personne vous accompagne dans la voiture pour contrôler votre vitesse. Il faut aussi s'assurer que vous n'êtes pas au volant en ayant bu de l'alcool. Si vous suggérez que ces contrôles pourraient être effectués par la personne indépendante qui est déjà assise dans votre voiture et contrôle en permanence votre vitesse, vous vous entendez dire : « Non ! Pas question ! » Il faut bien entendu un spécialiste capable de contrôler le taux d'alcool dans votre sang, et ce, tous les kilomètres. Puis quand on se rend compte que vous voyagez avec votre épouse et vos trois enfants, on vous rappelle que les trois enfants doivent être assis et attachés à l'arrière pendant tout le trajet. Et pour s'assurer que c'est bien le cas, on vous oblige également à prendre une éducatrice d'enfants diplômée dans votre voiture. Chaque fois que vous oublierez d'attacher vos enfants, elle fera un rapport à la police et rendra compte de tout ce qui se passe avec les enfants. Sinon, gare...

Si, en plus, vous avez eu la folie d'emmener votre chien en vacances, vous aurez un autre problème. Il est interdit que les animaux soient installés en plein soleil dans une voiture. Pour éviter que votre chien souffre de la chaleur, on vous adjoint un spécialiste pour la protection des animaux. Mais l'absurdité ne s'arrête pas là. Il faut en plus que vous payiez vous-même tous ces gens et cela n'est pas bon marché.

Voilà ce qu'il en est avec la *Governance*. Tous ces rapports doivent être faits de façon à ce que non seulement le public mais malheureusement aussi vos concurrents puissent se faire une idée de tout ce qui se passe dans votre voiture, jusqu'au moindre détail.

C'est ce que vit aujourd'hui l'entrepreneur. Si l'un de mes cadres supérieurs, pour une raison ou une autre, vend des actions du Swatch Group pour un volume de 100 000 francs, il faut le rendre public. Supposons que l'un de nos directeurs veuille acquérir une résidence de vacances et que, pour ce faire, il vende une bonne partie de ses actions du Swatch Group. Il faut qu'il le déclare immédiatement. Et cela entraîne un certain tumulte à la Bourse où personne ne croit personne. Les analystes vont tout de suite dire : « Ho là ! Il semblerait que cela n'aille pas très bien avec le Swatch Group. Le mieux est assurément de vendre ces actions. » Et, sans plus attendre, les cours s'effondrent sans qu'il n'y ait la moindre raison économique qui le justifie. Dans ces conditions, plus personne n'a vraiment envie de devenir entrepreneur. Et personnellement, je n'ai pas envie non plus de continuer à assister les bras croisés, sans rien faire, à un tel développement malsain. C'est pourquoi j'envisage bientôt d'appeler à la création d'une association avec une force de frappe des entrepreneurs leaders de ce monde. Peut-être arriverons-nous, de cette manière, à endiguer et à ramener dans des limites raisonnables le flux toujours croissant de prescriptions et règlements inutiles. Il est grand temps que nous, les entrepreneurs, nous refusions de nous laisser enchaîner par des gens qui n'ont aucune idée en matière de production et de marketing. Car, de cette manière, c'est sûr, il n'y a plus de croissance possible.

À chacun son métier

Fidéliser, concilier. Vous avez un conseil d'administration fidèle, entièrement suisse, qui comprend notamment de véritables entrepreneurs ayant les pieds sur terre. Vous n'avez jamais eu de difficultés avec eux ?

Justement parce que j'ai dans mon conseil d'administration de véritables entrepreneurs et des gens raisonnables avec les pieds sur terre, je n'ai pas de problème. Non, ni par le passé ni aujourd'hui. Notre conseil d'administration est constitué de femmes et d'hommes comme moi. Ils ne sont pas du genre à se rendre intéressants, un verre de champagne à la main. Esther Grether a démontré qu'elle est un grand entrepreneur et Peter Gross est aussi un entrepreneur et un banquier accomplis. Johann Niklaus Schneider-Ammann est un entrepreneur doué, membre du Parlement, de la trempe de ceux dont on fait les conseillers fédéraux. Ernst Tanner compte parmi les chefs d'entreprise les plus doués de notre pays, et Peter Baumberger dispose d'un capital expérience en entreprise considérable. Enfin, ma fille Nayla n'est pas seulement une créatrice douée mais également une forte personnalité d'entrepreneur. Vous le voyez, les membres du conseil d'administration du Swatch Group sont tous des gens ayant les pieds sur terre, réalistes, des gens qui ont l'esprit d'entreprise et non pas des petites combines en tête. Je m'entends d'ailleurs très bien avec eux. Bien que ce conseil d'administration soit composé de gens influents qui avaient largement réussi avant de rejoindre le conseil d'administration du Swatch Group et qui ne se soumettent donc pas facilement, je suis celui qui assure le rôle de coordinateur.

Il n'y a qu'une seule fois où j'ai eu vraiment des problèmes. J'avais en effet fait l'erreur de prendre dans mon conseil d'administration le professeur Klaus Schwab du Forum économique mondial. Monsieur Schwab est un excellent et très talentueux ambassadeur de bonne volonté selon la meilleure tradition suisse. Il se considère même comme une sorte de missionnaire. Il a également le talent rare de faire savoir au Président George W. Bush que le Président Vladimir Poutine aimerait le rencontrer sur le terrain neutre de la Suisse à Davos, et inversement. Il arrive aussi à faire en sorte que Bush et Poutine prononcent un discours devant toute l'élite managériale internationale réunie à Davos. Mais Klaus Schwab n'est pas un entrepreneur industriel. Cela, à vrai dire, ne dérange personne car, je l'ai dit, il possède suffisamment d'autres talents. César, Napoléon et Metternich n'étaient pas non plus des entrepreneurs. Mais le problème était que Klaus Schwab voulait autrefois – coûte que coûte – être perçu comme un entrepreneur industriel et un stratège de l'entrepreneuriat mondial, ce qu'il n'était pas.

À chaque fois que Schwab s'est essayé en tant qu'entrepreneur ou en tant que stratège suprême de l'entrepreneuriat, comme chez Müller Think Tools ou d'autres sociétés, l'aventure s'est soldée par un échec. La raison était à chaque fois la même : il misait sur des stratégies de produits qui n'étaient pas les bonnes et démontrait un certain manque d'intuition pour l'industrie et l'entreprise. Monsieur Schwab suivait toujours les dernières modes et les dernières tendances. Il rendait souvent hommage à des managers célèbres et aimait s'associer avec des noms porteurs. Avec quelques-uns de ses amis et divers spécialistes financiers (dont certains depuis ont disparu de la scène par suite d'une mauvaise gestion), il s'était mis en tête de modifier totalement notre stratégie pour le Swatch Group. Je vous l'assure, si j'avais laissé faire, le Swatch Group serait aujourd'hui dans de grandes difficultés.

Nous nous sommes donc séparés en bons termes. Je l'avais nommé à notre conseil d'administration, même s'il ne siégeait dans aucun des conseils de surveillance ou d'administration de ses nombreux amis managers. C'est seulement plus tard que j'ai compris pourquoi il en était ainsi. Mais je lui conserve mon respect pour tout ce qu'il a véritablement réalisé. Vous voyez, c'est comme cela dans la vie. Chacun a ses capacités et ses limites. Moi aussi. Même si j'essayais avec acharnement de devenir un champion olympique en saut à la perche, j'échouerais lamentablement – le dicton reste toujours valable : à chacun son métier.

En 2005, le professeur Claude Nicollier (également un Suisse) est entré dans le conseil d'administration du Swatch Group après la publication de ce livre en allemand à Zurich. Monsieur Nicollier est titulaire de diplômes universitaires en physique et astrophysique des universités de Genève et de Lausanne. C'est un astronaute de l'ESA et de la Nasa mondialement reconnu, il a notamment participé aux missions *Atlantis* en 1994, *Endeavour* en 1993, *Columbia* en 1996 et *Discovery* en 1999.

« Corporate Governance » est semble-t-il un mot qui vous agace. Récemment, la fondation Ethos a publié une nouvelle étude sur le Swatch Group ; il en ressortait que votre Groupe n'était pas en meilleure position en matière de « Corporate Governance ».

À ce sujet, j'ai – et pas seulement moi, mais aussi la plupart des véritables entrepreneurs – pas mal de commentaires à apporter. Cela commence avec le fait que le nom de cette fondation est trompeur. Ethos n'est rien d'autre qu'un fonds de pension et également un conseil financier qui se rémunère à la commission. Une minorité de caisses de pension utilise ce fonds pour acheter des actions en Bourse, c'est tout. Ethos n'a donc aucune légitimité pour, sous le manteau et sous couvert scientifique, juger et évaluer des entreprises et des groupes. Il faudrait plutôt conseiller à Ethos de s'occuper des scandales qui fleurissent ici et là en Suisse et aux États-Unis dans le monde de la finance et des fonds de pension mal gérés et qui ont besoin d'aide de toute urgence. En revanche, Ethos devrait laisser les entrepreneurs faire leur travail, qui est important, en toute tranquillité. Mais ce n'est pas ce que fait Ethos. Cette fondation a écrit, comme vous le dites, sur de nombreuses entreprises cotées en Bourse des rapports de *Corporate Governance*, entre autres sur le Swatch Group. Et le rapport d'Ethos n'est pas vraiment positif.

Naturellement, je connais la véritable raison de notre positionnement négatif chez Ethos. Déjà, lors de l'assemblée générale des actionnaires du Swatch Group en 2004, une motion *Corporate Governance* déposée par Ethos avait été massivement rejetée à 99 % des voix présentes. Cela n'a pas empêché ce fonds de m'écrire personnellement le 4 octobre 2004 une lettre en anglais (pour pouvoir vraisemblablement en envoyer copie à ses contacts à l'étranger), alors que les deux signataires étaient de langue maternelle allemande et/ou française. Cette lettre indiquait que derrière Ethos il y avait de nombreux fonds de pension et que, pour cette raison, ses représentants voulaient s'entretenir avec nous de diverses questions liées à la *Corporate Governance*. Ethos étant un fonds financier pur et dur – et non une *non profit organisation* – et ne possédant pas plus de 0,003 % des actions du Swatch Group, nous avons répondu comme suit, et ce, dans l'une de nos langues nationales :

« Pour monsieur N.G. Hayek, il est évident que l'activité de l'entreprise doit en première ligne servir les actionnaires, le personnel et le développement économique et social de la région dans laquelle l'entreprise est ancrée. Il a cependant une réelle aversion et un mépris profond vis-à-vis de ces pharisiens de la haute finance qui agissent en tant que juges autoproclamés et n'ont à vrai dire rien d'autre en tête que réfléchir à court terme et que s'enrichir et réussir à titre individuel en manipulant les médias et en allant à l'encontre de tous les fondamentaux éthiques. Parce que nous rejetons complètement une telle approche, nous jugeons également de manière très critique toutes les demandes d'informations complémentaires qui, à vrai dire, doivent rester réservées à nos actionnaires fidèles. À moins que vous ne nous indiquiez, en tant qu'actionnaire important, le nombre de vos actions. Lors de la dernière assemblée générale, c'était quelque 0,003 % si je me souviens bien. »

C'était le 12 octobre 2004. Ce n'est donc pas une surprise si nous avons été ensuite placés par Ethos Fund et Ethos Services très loin en arrière dans la liste. Ils ont vraisemblablement cru comprendre que nous les traitions de pharisiens. Ce n'était pas notre intention, mais notre rapport annuel et nos informations comptent parmi les meilleurs du pays. Une étude de l'université de Zurich et les analyses d'autres instituts, comme par exemple Économie suisse, avaient évalué notre rapport annuel et nos méthodes de *Corporate Governance* comme bonnes à 97-98 %. Même sur l'échelle d'Ethos, nous avions atteint pour tous les facteurs vraiment importants 90 à 94,9 %, comme ils ont dû le reconnaître. Et savez-vous pourquoi nous avons été critiqués ? Parce qu'une personnalité très méritante de notre conseil d'administration, qui avait durant des années fait la démonstration de capacités entrepreneuriales exceptionnelles, avait refusé de fournir des informations détaillées sur son parcours et sa formation. Il y eut aussi des réprimandes parce que notre société avait refusé d'accorder le droit à chaque actionnaire – qui peut dans certains cas être l'un de nos concurrents – de lancer à tout-va des motions sans aucun sens pour perturber notre assemblée générale. Différents journaux ont diversement décrit tout cela de manière très juste. On pouvait, entre autres, lire que personne n'osait critiquer Ethos.

Quelle indépendance pour les administrateurs ?

D'où vient ce nom ? Suffit-il de fonder une société qui s'appelle Ethos pour être éthique et agir de manière éthique ? Il est vrai que je réagis à ce genre de situation avec irritation. Mais ne croyez surtout pas que j'aurais peur de lire dans la presse que la *Corporate Governance* chez Swatch Group serait bonne ou mauvaise. Je sais exactement que nous appartenons aux sociétés les plus correctes et les mieux dirigées. Et cela, à vrai dire, tout le monde le sait. Le problème avec Ethos, c'est que de tels fonds cherchent à prendre de l'influence au plus haut niveau de l'entreprise, bien que ces financiers ne comprennent pas grand-chose ni à la direction d'entreprise ni à l'industrie. Ils veulent seulement se propulser dans un conseil d'administration – j'ose le prétendre, au détriment de chaque société et de ses actionnaires. À ce sujet, il faut savoir qu'à la Bourse, à côté des nombreux investisseurs sérieux, s'agitent d'innombrables spéculateurs dont, je l'avoue, un petit pourcentage a investi dans le Swatch Group. Ces spéculateurs ne pensent qu'à court terme et cherchent à vite gagner beaucoup d'argent en achetant et revendant rapidement leurs actions, peu importe de quelle société. Ils n'ont aucun sens de l'entreprise, aucun lien avec l'entreprise et bien sûr aucune relation affective. Le *NZZ am Sonntag* a parfaitement confirmé cela dans un article paru en mars 2005 sur ce thème :

« On enregistre un changement sur le marché boursier qui ne concerne plus seulement les *hedge funds*. De nombreux actionnaires, en particulier des investisseurs institutionnels, se sentent moins fortement liés que par le passé aux entreprises dans lesquelles ils investissent. Dans la lutte acharnée pour quelques pour cent de rentabilité supplémentaires, les fonds de pension et les assurances, autrefois fidèles, ne se sentent plus obligés de supporter la stratégie à long terme de l'entreprise. Ce qui les intéresse, ce sont des actions qui crachent des gains rapides. Récemment, l'un des gros actionnaires fidèles d'une valeur suisse standard s'est plaint que les fonds de pension soient devenus instables. 6 à 8 % des actions pourraient en l'espace d'une journée changer très rapidement de propriétaire, ce qui provoque des remous dans l'actionnariat. »

Le patron d'une grande société américaine où il n'y avait pas de gros actionnaire contrôlant la compagnie m'a dit un jour : « Pour moi, les clients qui me sont loyaux et les collaborateurs qui me sont loyaux depuis des années sont beaucoup plus importants que la majorité des actionnaires. Car, d'après nos analyses des sept dernières années, un actionnaire reste en moyenne seulement trois à six mois dans la société et beaucoup ne connaissent même pas notre programme de production. Nous ne sommes pour eux qu'un billet de loterie. » Dès qu'un actionnaire central ou un pool d'actionnaires contrôle une grande partie des actions, une société fonctionne beaucoup mieux car, dans toute l'entreprise, il existe un sentiment de coresponsabilité pour le devenir de l'entreprise qui est beaucoup plus marqué que dans le cas contraire. Mais c'est précisément à ce moment-là que les pharisiens se mettent à crier et à exiger des personnes neutres au conseil d'administration.

Mais je vous le dis, personne n'a pu jusqu'à présent vraiment m'expliquer ce qu'est un membre neutre d'un conseil d'administration. Est-il neutre vis-à-vis de l'entreprise ? Cela signifie-t-il que l'entreprise qu'il est censé servir lui est en fait indifférente ? Ce serait absolument catastrophique car, dans une entreprise, nous avons besoin d'administrateurs qui s'engagent vraiment. Ou alors le soi-disant représentant neutre est-il en réalité un représentant de la concurrence qui chercherait à détruire nos structures ? Dieu merci, les actionnaires du Swatch Group sont en grande majorité des investisseurs sérieux qui, année après année, ont élu leurs administrateurs et leur top management à une écrasante majorité.

Une entreprise n'est pas un gouvernement

Une entreprise n'est tout simplement ni un gouvernement ni un parlement. Elle doit être dirigée de manière à survivre financièrement et à ne pas contracter sans fin des dettes. L'entreprise n'a pas non plus besoin d'opposition pour le plaisir de l'opposition. C'est pourquoi la comparaison avec le parlement que font volontiers, à mon avis à tort, les partisans de la *Governance*, me dérange. Je suis d'accord que dans le parlement d'un pays il doit y avoir une opposition qui empêche le gouvernement de faire ou de laisser faire ce qu'il veut. Mais dans une entreprise comme le Swatch Group qui, de toute manière, ne peut pas faire ce qu'elle veut, une telle opposition serait fatale. Un administrateur qui s'oppose par principe et qui aide ainsi éventuellement la concurrence ne peut pas co-assumer les affaires d'une entreprise. Un tel scénario est pour moi tout simplement inacceptable. Si quelqu'un qui ne connaît rien au monde de l'entreprise essaie continuellement de contrecarrer les stratégies de l'entrepreneur, cela conduit tôt ou tard à ne plus pouvoir travailler de manière profitable.

Essayons un court instant d'envisager une entreprise comme un gouvernement. Le gouvernement nous appartient à tous. Il n'a pas l'obligation de travailler de manière efficace et lucrative, de créer de nouveaux emplois et d'opérer des investissements entrepreneuriaux. Le gouvernement, en revanche, se doit d'être équitable envers tous les citoyens. Il peut, par le biais de lois, nous forcer à aménager nos vies selon sa vision sans que, comme avec une société par actions, nous puissions nous retirer. Nous ne pouvons pas vendre à la Bourse notre participation à notre nation. Il est donc tout à fait juste qu'il existe une opposition à côté du gouvernement. Il est tout aussi important que ce ne soit pas la seule et même personne qui, sa vie durant, reste le ou la chef du gouvernement. Mais si vous avez une entreprise qui n'appartient qu'à quelques personnes et qui fonctionne extrêmement bien, qui crée chaque année des emplois, de nouvelles richesses et des innovations, pourquoi voulez-vous détruire ici quelque chose en écartant des administrateurs qui se sont révélés compétents ? Et pourquoi devriez-vous les remplacer par un monsieur je-ne-sais-qui, qui n'a, de toute sa vie, rien fait d'autre que de s'occuper de fonds, qui, entre nous soit dit, opèrent souvent de manière beaucoup plus destructrice et négative que ne le feraient jamais les vrais entrepreneurs ?

Ce sont des gens qui ne pensent à rien d'autre qu'au cours des actions et à l'argent facile. Ils ne créent pas de richesses nouvelles, et encore moins durables. Si nous leur permettons de se mêler de nos entreprises, c'en est fini de notre prospérité. Nous ne devons pas permettre à un groupe quelconque et inexpérimenté de détruire ce que nous avons construit. Vous auriez dû entendre le discours qu'a prononcé ce représentant d'Ethos devant notre assemblée générale en 2004 ! Déjà, juste avant notre conseil d'administration précédant l'assemblée générale, il avait suggéré à des journaux qu'une opposition à Hayek voyait enfin le jour car des investisseurs isolés s'opposeraient violemment à la réélection de quelques administrateurs du Swatch Group. Il est donc arrivé à notre assemblée générale avec un esprit vindicatif. Je lui ai donné la parole pour qu'il puisse lancer ses attaques. Puis j'ai réagi moi-même à ces attaques et je l'ai démasqué impitoyablement. Toute la salle s'est levée, enthousiaste. Les gens étaient déchaînés et m'applaudissaient. Je lui ai alors redonné la parole en lui disant : « Maintenant, vous avez à nouveau une occasion de parler. » Mais de nombreux actionnaires s'écrièrent : « Non, halte, pourquoi donc ? Passez directement au vote ! Il peut vendre ses actions s'il n'est pas content. » J'ai quand même insisté pour qu'on lui redonne la parole car les assemblées générales doivent se dérouler démocratiquement.

Pour finir, j'ai demandé à l'homme de ce fonds combien d'actions du Swatch Group il possédait ou représentait. On s'est alors rendu compte qu'il représentait moins de 0,003 % des actions représentées dans la salle. Lors du vote concernant sa motion, il n'a obtenu, outre sa propre voix, que la voix de l'un de ses collègues, soit 0,006 % au total. Plus de 95 % des actionnaires présents ont voté contre sa motion. Cet homme a attaqué trois de nos administrateurs, messieurs Baumberger, Gross et Tanner, et leur a, entre autres, reproché de n'être pas suffisamment indépendants de la direction de l'entreprise. Cela a été pour moi une bonne occasion, devant toute l'assemblée, de prendre leur défense et de souligner les services qu'ils avaient rendus à la société. J'ai aussi demandé à l'homme d'Ethos ce qu'il entendait par « indépendants », car il n'y avait pas plus indépendants que ces trois messieurs. Ce dont nous n'avions vraiment pas besoin, c'était de gens qui se sentiraient indépendants de cette entreprise, mais en revanche seraient dépendants de fonds de pension ou de compagnies d'assurances mal dirigés, ou de gens qui seraient ouvertement contre l'entreprise, voire qui appartiendraient à la concurrence. S'il croyait que j'amènerais la concurrence dans notre conseil d'administration pour lui faire plaisir et parce qu'il possède une ou deux actions de notre Groupe, alors il se trompait complètement !

Il faut vraiment que quelqu'un m'explique ce que peut bien être un membre de conseil d'administration indépendant. Qu'est-ce que cela veut dire ? Indépendant de qui ? J'avais déjà posé un jour cette question à un haut fonctionnaire à Bruxelles. Il m'avait simplement répondu : « Indépendant de vous. » J'avais alors rétorqué : « Bon, considérez tout le conseil d'administration du Swatch Group – à part ma fille. Il se pourrait, en effet, que ma fille soit dépendante de moi, ce qui n'est pas du tout le cas. Elle est même peut-être plus critique à mon égard que tous les autres administrateurs. En plus, grâce à ses connaissances, son fort engagement et ses relations, elle a réalisé un développement fabuleux de notre chiffre d'affaires au Moyen-Orient qu'elle a plus que triplé en trois ans. Mais supposons qu'elle soit dépendante de moi. Et tous les autres ? Où est leur dépendance ? » Il m'a alors dit : "Ces gens reçoivent de l'argent de vous." Je lui ai rétorqué : "Oui, bien sûr, ces gens reçoivent un tantième plutôt modeste en leur qualité d'administrateurs, mais pas de moi, de l'entreprise. C'est comme cela que ça se passe avec tout administrateur. Dès que quelqu'un est convoqué au conseil d'administration, il a droit à un tantième. Et, d'après vous, cela fait qu'il n'est plus indépendant de moi ?" Pendant la demi-heure qui a suivi, le fonctionnaire n'a pas pu me donner d'exemple de ce qu'était un administrateur vraiment indépendant. Juste à la fin, il est parvenu à me fournir une définition utile : "Un administrateur indépendant est celui qui serait fondamentalement toujours contre moi." » Un tel état d'esprit est catastrophique.

Ce que vous dites est peut-être juste. D'un autre côté, c'est une réaction à des situations où de trop nombreux administrateurs ont cautionné trop de choses qu'ils n'auraient pas dû cautionner. Prenez par exemple Swissair. Swissair avait un conseil d'administration de complaisance.

Mais chez Swatch Group il n'y a rien, à ce jour, qui n'aurait pas dû être cautionné. Chez Swissair, en revanche, il y en avait, assurément. Le conseil d'administration de Swissair était typiquement constitué de gens soi-disant indépendants. Aucune de ces dames et aucun de ces messieurs n'avait de relation affective forte avec Swissair. On y avait amené des gens indépendants avec de grands noms. Ils ont d'ailleurs été fortement soutenus par les fonds financiers et loués comme manifestement les meilleurs en matière de *Governance* bien qu'ils aient, comme cela s'est vérifié, cautionné des stratégies complètement inappropriées et catastrophiques. Il n'y en avait aucun qui fût indépendant dans le sens d'opposant, aucun qui eût vraiment agi dans l'intérêt à long terme de l'entreprise.

À mes yeux, le problème est le suivant : les entrepreneurs doivent savoir comment ils peuvent et doivent s'y prendre pour assurer l'avenir de leur entreprise et sûrement pas combien de formulaires – beaucoup, de toute manière, sont complètement superflus – ils ont remplis ou non. La mission d'un entrepreneur, c'est de faire progresser son entreprise. Mais si nous continuons comme cela et que les formulaires nous sont plus importants que l'entrepreneuriat, alors je crains que dans une vingtaine d'années les emplois en Europe ne soient une denrée rare. Très souvent, sous le prétexte de vouloir protéger le consommateur, on produit en masse des règlements inutiles qui font du consommateur à protéger un chômeur, tellement certaines de ces réglementations sont irréfléchies.

Le sortant

Entre-temps, l'un de vos importants actionnaires de la première heure a rompu la fidélité. En avez-vous été personnellement affecté ?

Vous faites allusion à monsieur Stephan Schmidheiny. Il a été effectivement un important investisseur de la première heure et sa participation à la SMH (plus tard Swatch Group) avait suscité la confiance d'autres financeurs. Stephan Schmidheiny et moi avions fondé ensemble une holding, nommée WAT, dans laquelle chacun d'entre nous avait apporté plusieurs millions de francs suisses. Nous possédions la holding à parts égales, mais je l'ai dirigée en tant que président et délégué du conseil d'administration. Les seuls actifs de cette société étaient constitués par les actions Swatch Group de Schmidheiny et de moi-même. Pour moi, cela représentait beaucoup d'argent, pour Schmidheiny, pas vraiment. Mais bien des années plus tard, lorsque ces actions ont soudain valu bien davantage que plusieurs milliards, Schmidheiny est devenu agité. Il avait engagé un banquier pour ses finances, un ancien directeur général du Crédit suisse, et celui-ci doit lui avoir dit un jour : « Quoi ? Tu as 2,5 milliards de francs suisses dans le Swatch Group et tu ne perçois qu'un dividende de quelques petits millions ? Imagine, tu places ces 2,5 milliards à la banque, disons à 6 %, et ce sont quelque 150 millions de francs d'intérêts que tu peux facilement encaisser chaque année. » Et la suite a été que Stephan Schmidheiny a retiré de la WAT ses actions du Swatch Group et, si je suis bien informé, les a revendues en Bourse.

Cette histoire montre très bien que la tentation de passer à la caisse est toujours grande. Vous voyez aussi les choses comme cela ?

C'est justement la différence entre l'entrepreneur et le financier. Le véritable entrepreneur répondra normalement : non, non et non. Écoutez, je ne suis pas, et de loin, aussi riche que monsieur Schmidheiny. Mais j'ai quand même quelques millions de francs à Zurich chez Hayek Engineering. Je n'ai pas de dettes et, si je monnayais mes actions du Swatch Group, j'en retirerais probablement quelques milliards de francs, nettement plus que la propre capitalisation boursière. Si je plaçais ce capital à 6 % ou même à 3 %, je n'aurais plus de soucis, plus de travail pour le restant de mes jours. Mais pourquoi le ferais-je ? À partir du moment où vous avez suffisamment d'argent pour faire et acquérir tout ce qui vous plaît et que vous n'avez plus de soucis pour l'avenir – du moins financiers, d'autres soucis, on en a toujours –, vous n'allez pas encore courir après l'argent. Vous n'en avez pas besoin.

Personnellement, cela me suffit amplement de ne plus devoir compter pour m'offrir ceci ou cela. Je peux me permettre beaucoup de choses, mais en réalité je n'ai pas de grands besoins. Je suis plutôt quelqu'un qui se contente de peu. Vous voyez, je ne porte même pas un costume Calvin Klein, je ne roule pas en Ferrari et je ne possède pas de châteaux luxueux et autres choses du même genre. Mais si quelque chose me fait plaisir, alors je me l'achète, même si c'est une montre Breguet ancienne hors de prix. Lorsqu'on est arrivé à ce niveau, pourquoi diable faut-il encore courir après chaque bouchée ?

Vous voulez que vos descendants reprennent la société, qu'ils ne vendent pas les actions et qu'ils continuent votre tradition entrepreneuriale. Ne craignez-vous pas qu'ils se disent un beau jour : pourquoi devrais-je travailler autant que mon père ? Je préfère vendre la boutique. Qu'est-ce que cela peut faire ?

Le père – comme je vous l'ai dit tout au début de nos entretiens – n'a pas vraiment travaillé et s'est plutôt amusé. Ceci dit pour remettre les choses dans leur contexte. Maintenant, en ce qui concerne mes enfants, il faut les voir comme des membres responsables des instances dirigeantes du Swatch Group, et non comme des investisseurs ou des héritiers. Ils sont complètement impliqués ; sinon, ils n'auraient pas besoin de travailler ici et de s'engager aussi fortement.

Oui, c'est ainsi. Mais il faut encore un peu nuancer : avec moi ont commencé 5 000 ou 6 000 personnes qui m'ont fait pleinement confiance et qui, pour certaines d'entre elles, ont parfois travaillé jour et nuit à mes côtés pour amener l'entreprise là où elle est. Elles ont vécu avec moi dans cette entreprise comme dans une grande famille.

Beaucoup de ces gens très doués ont pratiquement durant toute leur vie misé sur moi, des gens de la direction du Swatch Group comme, par exemple, Mougahed Darwish, Arlette Emch, Edgar Geiser, Walter von Känel, Florence Ollivier, Hanspeter Rentsch, François Thiébaud, Steve Urquhart, Roland Streule, pour n'en citer que quelques-uns. Maintenant imaginez que je vende cette société. Aucune de ces dames et aucun de ces messieurs ne pourraient alors être assurés que, dans deux ans, ils pourront toujours travailler dans le Swatch Group. Cela s'est déjà vu en France : une des maisons de haute couture a été rachetée par Gucci. À peine le contrat était-il signé qu'on a commencé à remplacer de nombreux Français par des Américains. C'est quelque chose que je ne pourrais tout simplement pas faire à des gens qui m'ont fait confiance, qui ont contribué à la croissance de la valeur de notre Groupe et qui sont indispensables à sa pérennité.

Fais le bien, mais n'en parle pas !

Je ne peux même pas m'imaginer dire : « Maintenant, j'encaisse et je pars. J'ai aujourd'hui tant de milliards de francs sur le papier. Je m'achète une île déserte sous le soleil, je m'amuse et je donne également au passage un milliard de francs à chacun de mes enfants. » Non, c'est quelque chose d'inimaginable pour moi. Les gens ont mis toutes leurs tripes dans cette entreprise. Avoir de la considération et des égards, c'est quelque chose qui fait partie de mon être ; cela ne fait pas de moi un saint. Je ne me considère pas comme saint Nicolas. Je suis tout simplement fait comme cela. Et mes enfants, je les connais bien, sont faits du même bois. Nick est très engagé dans le Swatch Group, ce qui garantit à coup sûr sa croissance et sa pérennité. Cela vaut aussi à 100 % pour Nayla dont j'ai déjà évoqué les performances. Et la manière dont mon petit-fils, Marc Alexandre Hayek, avec beaucoup d'implication personnelle, a en l'espace de quelques années fait de Blancpain à nouveau une des meilleures marques de luxe, parle pour lui. Les membres de ma famille sont impliqués opérationnellement dans le Swatch Group, non parce qu'ils n'auraient pas d'autres occupations, mais pour assurer l'avenir de l'entreprise comme pratiquement personne d'autre ne pourrait le faire.

À propos de saint Nicolas, un entrepreneur comme vous est certainement très sollicité et reçoit beaucoup de lettres de demande d'aide ?

Actuellement, ce sont entre dix et vingt par jour. Justement, ce matin, j'en ai reçu une. La lettre m'a été adressée par un jeune homme qui m'explique que sa mère et son père ne sont encore jamais allés aux Caraïbes – je ne plaisante pas ! – et qu'il aimerait prendre une année sabbatique et faire avec ses parents un voyage là-bas ; donc, est-ce que je ne pourrais pas lui envoyer de l'argent puisque j'en ai tellement, comme il l'a lu hier dans le journal ? Un autre jeune homme a déjà trois diplômes en poche, mais aimerait encore en obtenir un quatrième ; comme il ne peut pas financer ses études car il ne gagne que 4 000 francs suisses par mois, il faudrait que je l'aide ! Je reçois continuellement de telles lettres. Ou bien la dame qui prétend avoir inventé le nom Swatch ; j'aurais dansé avec elle à Saint-Moritz et elle m'aurait soi-disant révélé ce nom, qui lui appartiendrait donc

– tous ces gens sont bons pour l'asile. Je me suis habitué à tout cela et je suis en mesure de bien le gérer. Par ailleurs, je ne suis pas la Banque nationale. Je ne peux tout simplement pas envoyer de l'argent à tout un chacun qui me le demande. Mais je me fais un devoir de répondre personnellement à chaque lettre, quelle que soit sa provenance et même si la lettre ne méritait aucune réponse.

Comme nous recevons chaque jour un flot de lettres de sollicitation et que nous ne sommes pas en mesure d'imprimer nous-mêmes des billets de banque, nous devons fixer des priorités. Ce sont pour moi, par exemple, des gens qui souffrent de la faim ou des enfants atteints d'un cancer, ou des orphelins. Bien entendu, nous aidons aussi lors de catastrophes comme celle du tsunami. Là, nous avons fait des dons importants ; après avoir vu toutes ces terribles images de désolation, il fallait tout simplement aider. Christoph Blocher avait eu une fois l'intention de montrer à quel point l'aide en provenance des « riches » en Suisse était élevée. Dans ce but, il avait envoyé des formulaires à la ronde où l'on devait indiquer combien d'argent et pour quelle organisation humanitaire on l'avait envoyé. Je lui ai dit que c'était exactement ce qu'il ne fallait pas faire : fais le bien, mais n'en parle pas !

Bien entendu, il y a déjà eu une ou deux personnes qui m'ont menacé ou qui ont essayé de me faire chanter. Mais c'est le lot de toute personnalité connue de vivre avec ce danger. Souvent, ces menaces proviennent de déséquilibrés. Ils écrivent des choses du genre : « Si d'ici telle date tu n'as pas déposé un million de francs à tel endroit, je te tue. » Jusqu'à présent, je n'ai reçu de toute ma vie qu'une menace de ce type. Elle provenait d'un vieux monsieur qui travaillait dans un atelier pour handicapés à Bienne, situé dans une maison qui appartenait justement à Omega. La police était en état d'alerte maximale. Pour attraper le maître chanteur, il y avait un fonctionnaire caché derrière chaque arbre et chaque cabine téléphonique. Le maître chanteur s'est fait prendre lorsqu'il a commis la faute de vouloir faire chanter également madame Ruth Dreifuss, la conseillère fédérale. Il s'est alors fait arrêter. Nous avons eu tous les deux de la chance.

La chance a bien sûr joué un rôle important dans ma vie. Si j'avais vécu au XVIe siècle ou si j'étais venu au monde au XXIIe siècle, je n'aurais pas pu sauver l'industrie horlogère, soit parce qu'elle n'existait pas encore, soit parce qu'elle aurait déjà disparu. C'est important d'être au bon moment au bon endroit. Mais le destin n'explique pas tout. Si vous n'êtes pas capable de voir les possibilités que nous pouvez développer à partir de n'importe quelle situation, alors toute la chance du monde ne vous sera d'aucun secours. Ce qui veut dire que si je venais au monde au XXIe ou au XXIIe siècle, je deviendrais peut-être un bon compositeur – pour quelque peu contrer la cacophonie de notre musique moderne – ou je deviendrais écrivain... mais de toute manière, je deviendrais quelque chose et je suis sûr que je réussirais. Les traits de caractère et les gènes d'une personne font qu'elle peut réussir dans le domaine qu'elle connaît et qu'elle a choisi. À un moment ou un autre, il y a aussi le facteur chance. Mon oncle m'avait dit une fois : « Fais attention. Le destin, le hasard et la chance sont comme le tramway. Si tu viens d'en louper un, il faut que tu te dépêches pour attraper le suivant. »

C'est la bonne attitude vis-à-vis de la chance. Il est évident que, sans chance, aucun d'entre nous ne peut réussir quoi que ce soit. Si, avec mes traits de caractère, j'étais né en Éthiopie ou au Nigeria, je n'aurais pas eu d'industrie horlogère à remettre à niveau et il n'y aurait eu que très peu de gens intéressés par mes services de conseil. Mais peut-être serais-je devenu un poète respecté ou un éleveur de chevaux réputé.

Je ne voudrais pas vous jouer la fausse modestie. Je ne suis pas le seul à être convaincu que je m'imposerais dans n'importe quelle situation qui ne soit pas encore complètement désespérée. Tous ceux qui ont affaire avec moi quotidiennement – et qui y ont survécu – vous confirmeront que je dégage une énergie débordante qui est très motivante, même si souvent elle est difficile à supporter. Ma mère disait toujours que si Nicolas était devenu conducteur de locomotive, très vite toute la compagnie des chemins de fer lui aurait appartenu. Et elle a bien dit « appartenu », et non qu'il serait devenu directeur général des chemins de fer.

Malgré tout, ma conviction profonde, c'est que nous les hommes, nous ne pouvons rien atteindre sans effort. Dieu ne nous a pas créés pour que nous ne fassions rien sur terre. Il n'a pas dit à l'homme : « Repose-toi. Tout est déjà là pour toi. Tu as assez à manger. Tu peux enfanter sans douleur. Tu es protégé contre tous les dangers. » Non, il a justement dit le contraire : « Tu dois faire quelque chose. Tu dois labourer et cultiver cette terre et t'efforcer de faire en sorte que toi et cette terre puissent se développer. » Lorsque j'étais enfant, je croyais en Dieu et puis vers seize ou dix-sept ans j'ai eu soudain des doutes. Plus tard, au cours de mes études, je me suis rendu compte que la physique arrive à ses limites avec l'origine de la matière, le quark, qu'elle ne peut expliquer. À ce moment-là, on commence alors de nouveau à songer à Dieu. Lorsque nous estimons qu'il faut venir en aide aux pauvres et aux faibles du monde, c'est sûrement juste. Mais les pauvres et les faibles doivent aussi apprendre à faire quelque chose par eux-mêmes, à prendre leur destin en main. Chacun est et reste jusqu'à un certain point l'artisan de son propre bonheur.

Un prix Nobel de l'entrepreneur

Vous aviez eu une proposition originale : le prix Nobel de l'entrepreneur. Malheureusement, vous n'avez pu aller bien loin avec ce projet. Pourquoi ?

Eh bien, j'ai eu là-bas affaire à des gens conservateurs comme jamais je n'en avais vu de ma vie. Vous tomberiez de haut si vous veniez à les rencontrer. Je leur ai dit qu'actuellement ils décernaient le prix Nobel à des gens qui, par exemple en médecine, avaient découvert quelque chose de nouveau ou qu'ils décernaient le prix Nobel de la paix à des gens qui s'étaient engagés pour la paix. Mais, leur ai-je demandé, à qui revenait le prix Nobel de l'économie ? Et j'ai fait moi-même immédiatement la réponse : à des professeurs théoriciens, qui ont développé une théorie et écrit un livre dans leur tour d'ivoire mais qui n'ont jamais réalisé une performance économique quelconque et encore moins créé un seul emploi. Beaucoup de ces livres ne présentent pas grand intérêt parce qu'ils ne sont que de la théorie opaque. C'est pourquoi nous devrions plutôt décerner ce prix à des entrepreneurs qui ont effectivement réalisé quelque chose au plan économique. Je voulais proposer comme premier récipiendaire de ce prix Nobel l'horloger Abraham Louis Breguet qui était en effet non seulement un entrepreneur absolument remarquable mais aussi un scientifique. Aussi ai-je fait cette proposition dans mon discours au château de Versailles, et la presse suédoise comme la presse norvégienne se sont montrées intéressées. Une très sympathique journaliste, dont le mari travaillait au comité du prix Nobel, est venue vers moi en me disant : « Formidable ! Nous sommes tous derrière vous. » Mais le comité Nobel est un cercle extrêmement conservateur de vieux messieurs qui vivent encore à l'époque d'avant Jésus-Christ. Ils sont tellement conservateurs qu'ils n'ont même pas compris ce que je proposais. La réponse a été classique : monsieur Nobel a décidé que c'était comme cela et on ne peut rien y changer ; d'ailleurs, il n'y a aucune raison de le faire.

Mais maintenant, vous pourriez fonder votre propre prix Nobel ?

Non, cela ne sert à rien et je vous dis pourquoi. Rolex décerne déjà un prix de l'innovation ; Swatch Group fait la même chose. Hans Müller a son propre prix, Branco Weiss en a un aussi et General Motors décerne également un prix de l'innovation. Il y a des milliers et des milliers de prix qui n'apportent pas grand-chose. Le prix Nobel, en revanche, c'est un prix remarqué dans le monde entier et doté d'un prestige considérable. Mon intérêt premier est que la jeunesse comprenne que le métier d'entrepreneur est quelque chose de merveilleux et qui vaut la peine. Si je lançais moi-même un prix, je n'aurais jamais cette portée. Je n'aurais pas seulement besoin du nom Nobel, j'aurais aussi besoin du roi de Suède, de la famille royale de Norvège et de tout ce qui va avec. Lorsque le prix Nobel est décerné, on en rend compte toute la soirée dans les médias suisses, français, allemands, américains et turcs. On en parle dans le monde entier. Mais prenez le prix Goncourt, par exemple : en dehors de la France – où il déclenche un très grand intérêt et est l'objet de toutes les attentions –, on n'en entend pratiquement parler nulle part ailleurs. Je ne voulais pas du prix Nobel de l'entrepreneur pour donner une distinction à je ne sais qui, mais pour dire à la jeunesse : « Jeunes gens, c'est un métier très important, le métier d'entrepreneur ! »

Une telle solidarité devrait assurément déjà exister dans la branche. Quelle est à vrai dire votre relation avec Rolex ou Patek Philippe qui tous deux font également partie des vrais horlogers ?

Ces relations sont en principe bonnes mais beaucoup plus complexes que vous ne l'imaginez, et cela pour deux raisons : premièrement, nous sommes en Suisse et, deuxièmement, nous sommes dans une industrie discrète. Il n'y a pas de place pour de grands éloges d'affection ou même pour l'amitié. Au début, tous mes collègues de la branche ne me croyaient pas capable de pouvoir redresser la barre de l'industrie horlogère. Ils ont depuis suivi avec des yeux écarquillés et un mélange de fierté et de joie tout ce qui s'est passé dans l'« empire ». Laissez-moi vous expliquer. Lorsque j'ai lancé la Swatch, je leur inspirais un mélange d'admiration et de mépris. À peu près comme quelqu'un qui ne sait ni lire ni écrire mais qui réussit à faire un best-seller. On fait son éloge, on dit que c'est vraiment formidable ce qu'il a réalisé là, mais en même temps on lui fait comprendre qu'il n'est qu'un outsider.

Un peu plus tard, quel n'a donc pas été leur étonnement quand cet outsider est arrivé à faire des bénéfices conséquents et l'a également déclaré ouvertement. Il est vrai que le Swatch Group ainsi que Richemont, LVMH, et quelques petites entreprises de l'industrie horlogère, nous sommes les seuls à déclarer nos bénéfices. La plupart des autres ne rendent pas compte de ce qu'ils font. On a alors dit : bon, ce Hayek est un homme pour Swatch et peut fabriquer des montres bon marché, après tout, ce n'est pas difficile. Mais lorsque soudain je suis arrivé dans le segment le plus élevé des montres, que j'ai, tout d'abord avec Omega, rapidement et massivement progressé, puis que je me suis ensuite, avec Breguet, placé devant l'ancien numéro un, les réactions ont été mitigées. Malgré tout, nous nous comportons tous de manière solidaire lorsqu'il s'agit de mettre fin aux contrefaçons et aux copies.

À côté des fabricants horlogers, il y a encore les fabricants de produits de luxe : le groupe Richemont, qui est à la fois l'un et l'autre, et LVMH. Quelles sont vos relations et comment, à votre avis, l'industrie horlogère a-t-elle évolué depuis l'arrivée de ces groupes de luxe ?

Ces groupes ont fait beaucoup pour l'industrie, aussi bien Cartier que LVMH. Pourquoi ? Le chiffre d'affaires de l'industrie horlogère était une véritable montagne russe. Il y avait ici, dans la région, des gens qui, au restaurant devant tout le monde, allumaient leur cigare avec des billets de dix francs pour montrer à quel point ils avaient de l'argent mais qui, une année plus tard, n'étaient même plus en mesure de payer les salaires de leurs employés. Cela veut dire que ce n'était pas une industrie stable, les mauvaises années succédaient aux bonnes sans discontinuer. Avec l'apparition d'un nombre toujours plus important de groupes de première catégorie, y compris le Swatch Group, l'industrie horlogère est devenue plus stable et plus crédible. Les flux d'information au sein de la branche, mais aussi à l'extérieur, se sont aussi considérablement améliorés.

Hayek royal

Pour finir, laissez-moi revenir encore une fois sur le poème de Kipling : « If neither foes nor loving friends can hurt you... » Diriez-vous de vous que vous avez beaucoup d'amis ou cette notion d'amitié est-elle limitée à quelques personnes ?

Oui, il n'y a qu'un nombre limité de personnes que je désignerais comme mes amis. Il y a beaucoup de gens avec lesquels je me sens bien, auxquels je me sens lié par une culture commune ou une hospitalité réciproque. Mais ce ne sont pas des amis, dans le sens que je ne peux pas me tourner vers eux lorsque je vais mal. J'ai vraiment vu qui était mon ami et qui ne l'était pas lors de l'affaire du char d'assaut, car j'avais eu l'audace de reprocher à l'industrie suisse de proposer à la Confédération des prix absolument excessifs. On avait alors fait cette photo de moi qui me montre en train de monter tout seul les marches du palais fédéral. Là, j'ai vraiment appris qui était réellement solidaire avec moi, alors même que tout le monde avait le sentiment : mon Dieu, Hayek est tombé en disgrâce.

Êtes-vous encore aujourd'hui en mesure de lier amitié ? Ou êtes-vous plutôt dans la situation du roi Louis XIV qui disait toujours qu'il ne savait jamais lorsque quelqu'un l'approchait ou lorsqu'une femme l'admirait, s'ils s'adressaient au souverain ou à l'homme. Ne craignez-vous pas aussi qu'on oublie l'homme derrière l'entrepreneur influent ?

À mon âge, c'est assez rare de lier de nouvelles amitiés. Mais cela pourrait m'arriver car dans ma tête je suis beaucoup plus jeune que mon âge. Mais qu'est-ce qu'un ami ? Pour moi, un ami, c'est quelqu'un qui partage mes valeurs et avec qui j'ai beaucoup de choses vitales en commun. En revanche, je ne considère pas comme un ami quelqu'un que je rencontre de temps en temps, avec qui je plaisante et avec lequel je me sens bien en société. Prenez par exemple Jean-Paul Belmondo. Une fois, nous nous sommes trouvés ensemble au tennis de l'hôtel du Cap-d'Antibes où j'ai ma maison de vacances. Belmondo a joué au tennis avec son épouse, puis nous avons spontanément fait un match ensemble. Par la suite, nous avons souvent recommencé car nous nous amusions bien. C'est une bonne connaissance, mais ce n'est pas un ami. Bien entendu, j'ai toute une série de connaissances superficielles, surtout parmi les élites de la société en Europe et aux États-Unis.

Mais à propos, vous êtes dans le vrai avec votre comparaison avec Louis XIV, car nous autres entrepreneurs sommes dans une certaine mesure les rois des temps modernes. Et c'est effectivement très difficile de discerner si l'admiration que vous porte, par exemple, une jeune femme n'est que le fait du pouvoir et de l'influence que l'on incarne ou de ce que vous êtes vraiment. Est-ce qu'elle m'admirerait, me porterait de l'affection, si je n'étais pas un entrepreneur qui a réussi ? C'est une question à laquelle il est vraiment très difficile de répondre et c'est un grand problème pour celui qui occupe une position importante. On a besoin d'une bonne dose d'autocritique pour en être continuellement conscient. La tentation est très grande de succomber aux sirènes et de croire que l'on est effectivement le plus beau et le plus grand parce qu'on a reçu une douzaine de lettres d'admirateurs. Pratiquer l'autocritique était pour le roi Louis XIV, le plus grand monarque de tous les temps, assurément plus difficile que pour moi, petit entrepreneur suisse. Pour moi c'est beaucoup plus facile d'être autocritique et de me répéter continuellement : « Allez, Nicolas, ne te prends pas trop au sérieux ! »

Postface

par Friedemann Bartu

Bienne, 19 février 2005. Bravant le froid et les giboulées de neige, les invités se pressent au casino-théâtre. En cette maussade journée hivernale, on célèbre un événement d'un genre tout à fait particulier : la remise officielle de la citoyenneté d'honneur de la ville de Bienne à Nicolas G. Hayek, le jour même de son soixante-dix-septième anniversaire. Des centaines de personnes, pour la plupart de la région, ont accepté l'invitation à cette fête, visiblement heureux et fiers d'être conviés à ce prestigieux rendez-vous. Nicolas Hayek est de bonne humeur et s'en réjouit, appréciant qu'à Bienne on sache estimer et rendre publiquement hommage à son inlassable engagement en faveur de l'industrie horlogère suisse. En réalité, Hayek n'habite pas cette ville. Mais comme on le rencontre presque quotidiennement, dans son bureau du Swatch Group, c'est avec joie que Bienne célèbre comme l'un des siens le sauveur de l'industrie horlogère. Il en va de même dans tout le reste de la Suisse. Selon un sondage réalisé en 2004, Hayek Senior est considéré comme le Suisse le plus célèbre et le plus respecté du pays. Il est ainsi parvenu à ravir le premier rang à d'autres personnalités issues du monde politique, des milieux sportifs ou du spectacle. Rien d'étonnant donc à ce que le président de la Confédération helvétique Samuel Schmid prenne part aux festivités (tout d'abord, semblait-il, uniquement par le biais d'un vidéo-clip préenregistré puis, inopinément, comme invité-surprise) pour témoigner reconnaissance et estime au plus récent citoyen d'honneur de Bienne.

L'animation de la cérémonie de même que la partie officielle relevaient de la compétence du maire de la ville de Bienne et de la conseillère d'État du canton de Berne, qui ont su honorer de manière exhaustive et appropriée les grandes et exceptionnelles prestations du titulaire. Des prestations si impressionnantes que Nicolas Hayek est aujourd'hui considéré comme membre du cercle des cent plus grands entrepreneurs et économistes du XXe siècle. C'est du moins ce qu'affirme un ouvrage publié en 1995 aux éditions Rowohlt (Allemagne), qui dresse la liste alphabétique, accompagnée d'une courte biographie, des cent plus importantes personnalités de l'économie du siècle dernier. Le roi de l'horlogerie Nicolas G. Hayek y figure en illustre compagnie, juste après le lauréat du prix Nobel Friedrich August von Hayek et avant le grand éditeur américain William Randolph Hearst.

« Ce Hayek est une aubaine pour la Suisse », lira-t-on un peu plus tard dans une publication locale exprimant avec pertinence ce que ressentent également monsieur et madame tout-le-monde. Comme le relève la *Handelsblatt* allemande, de manière piquante et fort à propos : « Hayek a érigé son charmant non-conformisme en méthode. Comme le succès lui donne raison et qu'ils seraient ma foi ravis de lui ressembler un peu, les Suisses – dont l'histoire ne regorge pas de héros de la trempe d'un Napoléon – préfèrent lui passer ses petites vanités. » Le *Blick* renchérit et décrit même affectueusement Hayek comme « la roche primitive de l'économie suisse ». Depuis la controverse sur les chars d'assaut en 1984 et sa nomination au rang d'entrepreneur de l'année par les médias helvétiques, cet homme est considéré comme le sauveur de la nation en cas de crise, comme le doyen des industriels du pays et, pourquoi pas ?, comme un morceau de l'histoire suisse ; une aubaine pour la Confédération helvétique, justement.

En référence au discours inaugural du nouveau citoyen d'honneur de la ville de Bienne, on peut faire remarquer l'inverse : pour Nicolas G. Hayek aussi, la Suisse est une aubaine. Le remuant entrepreneur a pu librement s'y développer et y exprimer sa diversité culturelle. Il y est à l'aise et se sent véritablement chez lui. Membre du conseil d'administration du Swatch Group, Peter Gross l'a qualifié à plusieurs reprises de grand patriote suisse. Non seulement Hayek a souvent insisté sur le fait qu'il l'était, mais surtout il l'a toujours démontré par ses actes. Très attentifs, les invités du casino-théâtre biennois ont appris avec bonheur combien la Suisse comptait pour lui. Le discours de Hayek, dont certains extraits sont reproduits ci-après, démontre que cet entrepreneur à succès est également très préoccupé par la situation économique et sociale de la Suisse :

« Tout ce que nous avons accompli au cours de ces vingt-cinq dernières années, je n'aurais jamais pu le faire si je n'avais pas été entouré par toute une équipe de personnes extrêmement douées, travailleuses, aux talents exceptionnels et issues pour la majorité de Bienne et de ses environs. C'est pourquoi je n'ai pas honte d'avouer aujourd'hui que le titre de "Citoyen d'honneur de Bienne" me fait un énorme plaisir, comme celui d'un enfant devant le sapin de Noël, ce qui ne m'était plus arrivé depuis longtemps. Rendez-vous compte, je ne suis pas moins que le seul citoyen d'honneur de Bienne vivant sur cette terre. Je ne visais pas particulièrement cette citoyenneté d'honneur, mais quand le conseil municipal a soumis cette proposition surprenante, j'étais curieux de voir combien d'oppositions celle-ci soulèverait. J'ai été très impressionné lorsqu'elle a été adoptée à une très large majorité.

La Suisse est un beau et merveilleux pays, et je crois que nous sommes tous d'accord pour dire que nous souhaitons voir nos enfants et nos petits-enfants y grandir et y vivre heureux et libres. Auparavant située dans le peloton de tête de l'économie et du développement social, la Suisse court cependant aujourd'hui, lentement mais sûrement, le risque de perdre bon nombre – si ce n'est la totalité – de ses avantages. La Suisse stagne, encore et encore, ce qui signifie en fait qu'elle recule. Vous souvenez-vous de l'époque où, par rapport au nombre de ses habitants, notre industrie comptait entre trois et dix fois plus de groupes internationaux que les plus grands pays industrialisés ? Sulzer, Fischer, Saurer, Von Roll, Bührle, BBC, Nestlé, Ciba Geigy et ainsi de suite. Elle possédait également la meilleure compagnie aérienne du monde (Swissair), les meilleurs chemins de fer, les meilleurs hôtels et les meilleurs centres touristiques, les banques les plus sûres, les compagnies d'assurances les plus fiables... et pratiquement pas de chômage, je répète, quasiment aucun chômage ! Depuis des années, la Suisse stagne, non seulement au niveau de sa croissance économique et sociale, mais aussi sur le plan de sa bonne réputation ; sa stabilité sociale n'est plus aussi solide qu'auparavant.

Actuellement, dans ce pays, plus de 150 000 personnes sont au chômage, ce qui est beaucoup trop ! Au fond, il y a exactement 150 000 chômeurs de trop. À la tête de nos instances politiques et économiques, autrement dit notre élite, s'installent l'embarras, la résignation et la passivité ; des excuses sont proférées telles que : "En fin de compte, nos voisins ne font pas mieux que nous." En Suisse, il y a très peu de cantons qui, pour lutter contre ce marasme, donnent des impulsions dynamiques et innovantes permettant d'opérer des changements radicaux, courageux et nécessaires. Parmi les exceptions figure au premier rang le canton de Berne – avec, en son centre, la ville de Bienne – comme un foyer de l'esprit d'entreprise, comme un stimulateur de nouvelles industries, de nouvelles idées, d'une nouvelle croissance. Les Biennoises et les Biennois réagissent avec courage et élan contre le manque toujours croissant de leadership qui envahit année après année toute la Suisse. Mais indépendamment de cela, l'économie helvétique souffre également d'un franc trop fort, d'une politique industrielle trop timorée et d'un état d'esprit toujours défavorable à l'entreprise. La ville de Bienne, par contre, respire l'initiative et le courage. Les principales nouvelles industries et les nouveaux produits trouvent ici, ainsi que dans les cantons de Berne, Neuchâtel et leurs environs, d'excellents sites pour s'implanter. Il faut juste un peu de temps pour que cet état d'esprit et cette volonté d'amélioration se propagent à grande vitesse, telle une traînée de poudre, à toute la Suisse.

Vous vous demandez si cela se produira vraiment ? Je suis convaincu qu'à partir de ce havre, il est possible de ramener la Suisse sur les rails du progrès ! Et maintenant que je peux non seulement me considérer comme un Biennois, mais également me déclarer comme tel, je peux de plein droit m'investir encore davantage et de manière plus ciblée pour participer à cette offensive contre la stagnation, la résignation, l'incapacité et l'arrogance. C'est notamment pour cela que je suis si heureux d'être citoyen d'honneur de Bienne. »

Les auditeurs du casino-théâtre de Bienne ont accueilli ces paroles par une *standing ovation.* Cette onde d'enthousiasme ne concernait pas seulement l'œuvre de toute une vie, mais s'adressait aussi et surtout à Nicolas G. Hayek lui-même, un homme qui, en dépit de son succès retentissant, garde les pieds sur terre, sait enthousiasmer et motiver, et dont l'attitude souvent très directe et fracassante se distingue agréablement de l'élite plutôt terne et uniforme des managers modernes. Bien sûr, Nicolas G. Hayek vit aussi de mythes, qu'il affectionne et cultive. Et en dépit de son énorme popularité, il reste difficile à classer. « Je suis un homme normal, en chair et en os, avec ses plaisirs et ses soucis comme tout un chacun », explique-t-il d'emblée dans son discours afin d'établir une plus grande proximité avec ses hôtes.

Mais qui est vraiment cet « homme normal, en chair et en os » ? S'en approcher de plus près, mieux le cerner et le laisser s'exprimer plus en profondeur que ce que permettent les interviews accordées à la presse quotidienne ou hebdomadaire, tel était le véritable objectif de ce livre-entretien. Il ne s'agissait pas de rédiger une biographie de Nicolas G. Hayek, puisqu'il a insisté pour que cet ouvrage aborde le moins possible la sphère privée. Il n'était donc pas question de proposer un compte rendu exhaustif de la réussite de Nicolas G. Hayek... Il ne le voulait pas. Ce texte s'appuie sur plus d'une cinquantaine d'heures d'entretiens personnels au cours desquelles monsieur Hayek a présenté des faits objectifs, de même que son point de vue et sa perception subjective des choses, dans le style méditerranéen souvent exubérant qui lui est propre. Il relève de la forme de tout livre-entretien qui se veut offrir à la personne interviewée une plate-forme pour y exposer ses vues en détail. Dans cet ouvrage, Nicolas G. Hayek a exploité cette possibilité. Il est donc tout à fait possible de considérer ce texte comme une première tentative d'autoportrait de Nicolas Hayek, fournissant un éclairage approfondi d'une facette importante au moins de l'entrepreneur. Bien qu'extérieurement il n'incarne pas du tout l'image traditionnelle de l'homme qui a réussi, Nicolas G. Hayek est imprégné de son formidable succès. On pourrait même le qualifier d'égocentrique. Pourtant, qu'on le veuille ou non, l'homme parvient à vous envoûter : il a tôt fait de fasciner, de provoquer et – l'un ne va pas sans l'autre – d'irriter. Espérons que le lecteur puisse percevoir une partie des tensions qui ont accompagné la création de ce livre. De même, il faut espérer que Nicolas G. Hayek réalise sa promesse de rédiger un jour ses Mémoires, qu'il décide de prendre (et qu'il prenne) le temps nécessaire à cet exigeant projet. S'il trouve le temps nécessaire. Tout est là, justement : si...

Friedmann Bartu (né en 1950) possède un doctorat en économie et travaille depuis 1978 à la rédaction du journal *Neuen Zürcher Zeitung* (la *NZZ* est un journal quotidien suisse important du canton de Zurich) ; il a été tout d'abord correspondant à Londres, puis à Singapour, Paris et Genève. Depuis avril 2005, il est responsable du supplément hebdomadaire Tourisme de la *NZZ*. Monsieur Bartu est également l'auteur de plusieurs ouvrages consacrés au monde de l'économie et des entreprises. Il est marié et père de trois enfants.

Index des noms de personnes et de firmes

Crédits photographiques

P. 1, en haut : © Swatch Group
en bas : © Swatch Group
P. 2, en haut à gauche : © Corbis/Sygma (Raymond Reuter)
en haut à droite : © Swatch Group
en bas à gauche : © Swatch Group
en bas à droite : © Swatch Group
P. 3, en haut : © Hayek Engineering
en bas à gauche : © Swatch Group
en bas à droite : © Hayek Engineering
P. 4, en haut : © *Schweizer Illustrierte* (Urs Bärtschi)
au milieu : © Omega
au milieu à droite : © Swatch Group
en bas : © Swatch Group
P. 5, en haut : © Swatch Group
en bas : © Swatch Group
P. 6, en haut : © Swatch Group
en bas : © *Solothurner Zeitung* (Vuk Djurinovic)
P. 7, en haut à gauche : © Swatch Group
en haut à droite : © Swatch Group
en bas : © Swatch Group
P. 8, en haut : © Breguet S.A.
en bas : © Swatch Group

Remerciements de l'auteur

À madame Michèle Royoux, présidente-directrice générale de Hayek France S.A., traductrice et correctrice de la version finale.

À madame Arlette Emch, directrice générale de Calvin Klein Watches et de Léon Hatot et membre de la direction générale du Swatch Group, ainsi que madame Christiane Sauser-Rupp, pour les négociations pour la publication en français de ce livre.

À madame Cendrine Jéquier, Script Communication, traductrice de la première version.

Table

Composition IGS-CP
Impression : Imprimerie Floch, septembre 2006
Éditions Albin Michel
22, rue Huyghens, 75014 Paris
www.albin-michel.fr

ISBN : 2-226-17079-0
N° d'édition : 24010. – N° d'impression : 66659
Dépôt légal : octobre 2006
Imprimé en France